하용조 강해서 전집 2

창세기 2

무지개가 구름 사이에 있으리라

(4-9장)

하용조 강해서 전집 2

창세기 2
무지개가 구름 사이에 있으리라(4-9장)

지은이 | 하용조
초판 발행 | 1999. 2. 8
개정판 발행 | 2021. 7. 21
등록번호 | 제1988-000080호
등록된 곳 | 서울특별시 용산구 서빙고로 65길 38
발행처 | 사단법인 두란노서원
영업부 | 2078-3352   FAX | 080-749-3705
출판부 | 2078-3331

책값은 뒤표지에 있습니다.
ISBN 978-89-531-3503-1 04230

독자의 의견을 기다립니다.
tpress@duranno.com   www.duranno.com

두란노서원은 바울 사도가 3차 전도여행 때 에베소에서 성령 받은 제자들을 따로 세워 하나님의 말씀으로 양육하던 장소입니다. 사도행전 19장 8-20절의 정신에 따라 첫째 목회자를 돕는 사역과 평신도를 훈련시키는 사역, 둘째 세계선교(TIM)와 문서선교 (단행본·잡지) 사역, 셋째 예수문화 및 경배와 찬양 사역, 그리고 가정·상담 사역 등을 감당하고 있습니다. 1980년 12월 22일에 창립된 두란노서원은 주님 오실 때까지 이 사역들을 계속할 것입니다.

하용조 강해서 전집 2

창세기 2
무지개가 구름 사이에 있으리라
(4-9장)

두란노

창세기에는
복음의 능력이 있습니다

창세기는 참 신비한 책입니다. 창세기를 설교하면 할수록 성경의 어느 책보다 복음의 능력이 더욱 강하게 나타나는 것을 발견할 수 있습니다. 창세기는 곳곳에서 예수 그리스도를 보여 줍니다. 인간이 왜 타락하고 심판을 받게 되었는지를 알려 주며, 구원이 얼마나 절실한가를 보여 줍니다.

창세기 강해 제2권은 가인과 아벨의 사건(4장)을 시작으로 노아 방주 사건(6 - 10장)에서 클라이맥스를 이루며 바벨탑 사건(11장)으로 끝을 맺습니다. 가장 어두운 이야기는 가장 밝은 이야기를 기대하게 하며 구원을 간절히 요청하게 합니다. 그리고 창조의 이야기가 바로 구원의 이야기로 연결되는 것을 볼 수 있습니다.

창세기를 설교하면 설교자나 성도들 모두가 하나님의 거룩하심과 위대하심을 경험하게 되며 그분의 사랑과 공의에 빠집니다. 창세기를 설교하면 교회는 구원의 감격에 빠지며 새신자들이 몰려오는 경험을 하게 됩니다. 창세기를 설교하면 사람들이 예수 그리스도를 개인의 구주로 영접하게 됩니다.

복음의 능력으로 가득한 창세기를 주신 하나님께 감사드립시다. 창세기를 읽으면 읽을수록 우리의 삶이 복음의 능력으로 가득하기를 축원합니다.

차례

서문
창세기에는
복음의 능력이 있습니다 4

1부
가인의 후손과 아벨의 후손
창세기 4:1- 5:32

1 │ 하나님, 나의 예배를 받으소서 10
2 │ 인생의 방황에 종지부를 찍습니다 26
3 │ 여호와의 이름을 부릅니다 40
4 │ 주여, 제 이름도 기억해 주옵소서 54

2부
대홍수의 심판
창세기 6:1-8:22

5 │ 심판을 막는 자 되게 하소서 70
6 │ 지금은 구원의 날입니다 85
7 │ 나는 구원 방주 올라타고서 하늘나라 갑니다 100
8 │ 하나님의 말씀은 그대로 이루어집니다 114

9│ 알맞을 때까지, 하나님의 침묵을 기다립니다 129
10│ 대홍수의 심판 너머 구원자를 바라봅니다 146

3부
무지개와 하나님의 언약
창세기 9:1-12:1

11│ 폐허 같은 세상에서 어떻게 살아야 합니까? 164
12│ 나의 무지개, 예수 십자가를 기억합니다 178
13│ 예수 이름으로 상처를 치유합시다 192
14│ 나의 족보는 '예수님 가문'에 속해 있습니다 208
15│ 바벨탑에는 구원이 없습니다 224
16│ 끝까지 하나님의 뜻을 좇겠습니다 238

1부

가인의 후손과 아벨의 후손

창세기 4:1- 5:32

우리가 하나님께 드리는 예배가 믿음으로 드려지는 예배가 되기를,
율법의 예배가 아니라 은혜의 예배가 되기를,
문자의 예배가 아니라 영의 예배가 되기를,
살아 있는 예배, 성령의 예배, 하나님의 임재가 있는
예배가 되기를 바랍니다.

1

하나님,
나의 예배를 받으소서

창세기 4:1-7

사람은 철이 들면 하나님을 생각한다

아담과 하와가 에덴동산에서 쫓겨나 거하게 된 세상은 공중 권세를 잡은 사탄이 지배하는 곳이요, 땅이 죄로 인해 저주를 받아 가시와 엉겅퀴를 내는 곳이었습니다. 아담과 하와가 에덴동산에서 추방된 것은 마치 행복한 삶을 살던 어떤 사람이 죄를 지어서 모든 자유를 박탈당해 먹고 싶은 것도 못 먹고 가고 싶은 곳도 마음대로 갈 수 없는 교도소에 들어간 것과 같습니다. 교도소에서는 극히 제한적이고 고통스러운 삶을 살아야 합니다.

이처럼 하나님과 더불어 복된 삶을 보장받았던 인간은 죄를 지어 에덴동산에서 쫓겨남으로써 먹을 것과 죽음과 질병을 걱정해야 하고, 자녀 문제로 평생 눈물을 흘려야 하고, 속고 속이는 생존 경쟁의 치열한 삶 속에서 살아야 하는 신세가 되었습니다. 이 세상으로 추방된 아담과 하와에게 일어난 사건은 창세기 4장 1절에서 찾아볼 수 있습니다.

아담이 그의 아내 하와와 동침하매 하와가 임신하여 가인을 낳고 이르되 내가 여호와로 말미암아 득남하였다 하니라(창 4:1).

최초의 사건은 아들을 낳은 것입니다. 하와가 임신을 했습니다. 여기서 '동침하매', '임신하여'라는 두 단어가 인생의 중요한 이야기를 모두 하고 있는지도 모릅니다.

하와는 가인을 낳고 "내가 여호와로 말미암아 득남하였다"라고 했습니다. 이 말은 여러 가지로 해석이 가능합니다. 먼저, '하나님이 나에게 아들을 주셨다'는 의미입니다. 아마 당시 하와는 하나님이 말씀하신 예언을 기억했을 것입니다. 창세기 3장 15절, "여자의 후손은 네 머리를 상하게 할 것이요 너[뱀]는 그의 발꿈치를 상하게 할 것이니라"라는 예언입니다. 아이를 낳을 때 하와에게는 뱀으로 말미암아 에덴동산에서 쫓겨나 저주스러운 이 세상에서 살게 된 자신들의 삶이 회복되기를 갈망하는 마음이 있었을 것입니다. 아담과 하와는 하나님께 범죄한 일을 후회했을 것이고 에덴동산으로 돌아가고 싶었을 것입니다. 그러나 길이 없었습니다. 그들에게는 어쩌면 이 아들이 뱀의 머리를 상하게 해서 다시 에덴동산으로 돌아가게 될지도 모른다는 기대가 있었을 것입니다.

또한 이 말은 하와가 "너에게는 해산하는 고통이 있을 것이다"라는 하나님의 말씀을 기억했음을 의미하기도 합니다(창 3:16). 하와는 해산하는 날이 되자 기가 막힌 고통을 경험하게 되었습니다. '죽을 것 같은 고통'이라고 합니다. 이 고통 중에 하와는 무슨 생각을 했을까요? 아마 '하나님, 이 고통을 극복하게 해 주세요. 도와주세요'라는 생각을 했을 것입니다. 고통이 크면 클수록 아이를 낳은 후 하나님께 감사하는 마음이 컸을 것입니다. 그래서 하와는 "내가 여호와로 말미암아 득남하였다"라고 고백했을 것입니다.

아담과 하와에게는 가인을 낳음으로써 죄에 대한 회개가 있었을 것이고, 하나님이 주시는 회복에 대한 기쁨이 있었을 것입니다. 이렇게 해서 태어난 자녀가 인류의 첫 번째 자녀입니다.

그 후에 아담과 하와는 또 아들을 낳았는데, 그의 이름은 '아벨'입니다.

> 그가 또 가인의 아우 아벨을 낳았는데 아벨은 양 치는 자였고 가인은 농사하는 자였더라(창 4:2).

가인과 아벨은 인류 최초의 형제입니다. 아벨은 양을 치는 자였고, 가인은 농사하는 자였습니다. 우리는 이 말씀을 통해서 "네[남자]가 흙으로 돌아갈 때까지 얼굴에 땀을 흘려야 먹을 것을 먹으리니 네가 그것에서 취함을 입었음이라 너는 흙이니 흙으로 돌아갈 것이니라"(창 3:19)라는 예언을 상기할 수 있습니다. 노동은 원래 신성하며 복된 것입니다. 하나님은 자신이 창조한 만물을 관리하도록 인간에게 관리권을 주셨습니다. 그러나 죄를 지은 후 관리나 노동은 복이 아니라 부담과 고통이 되었습니다.

가인과 아벨은 각각 농사와 목축을 했습니다. 그러나 농사하고 양 치는 일은 하나님이 주신 기쁨을 누리는 일이기보다는 가시와 엉겅퀴를 내는 땅에서 쉼 없이 수고해 땀을 흘려야 하는 일이었습니다.

가인과 아벨은 시간이 지나고 자라면서 철이 들었습니다. 자기만 생각하던 사람이 철이 들면 부모를 생각하듯이, 사람은 철이 들면 하나님을 생각합니다. 하나님을 생각한다는 것은 곧 하나님께 제사를 드린다는 것인데, 이것은 하나님과 관계를 맺겠다는 뜻입니다. 하나님과의 교제는 제사로 나타납니다. 하나님을 믿지 않는 사람들이 조상이나 우상에게 제사를 지내는 이유는 초자연적인 상대와 관계를 맺기 원하기 때문입니다. 사람은 외로움과 고독, 한계를 깨달을 때 영적인 절대자를 찾는 경향이 있습니다.

세월이 지난 후에 가인은 땅의 소산으로 제물을 삼아 여호와께 드렸고 아벨은 자기도 양의 첫 새끼와 그 기름으로 드렸더니(창 4:3-4).

사람이 하나님께 제사를 드리게 되는 일은 결코 쉽지 않습니다. 가인과 아벨도 많은 세월이 지난 후에야 비로소 자신들의 소산물을 하나님께 제물로 드렸습니다. 동물에게는 제사가 없습니다. 그래서 동물입니다. 사람은 제사를 드릴 줄 압니다. 그래서 사람입니다. 하나님이 사람을 창조하셨기 때문에 하나님과 영적인 관계를 회복하고 싶은 것이 인생의 본성입니다.

죄를 짓기 전에는 제사라는 것이 없었습니다. 왜냐하면 하나님과 매일 만나 교제했기 때문입니다. 그러나 죄가 들어옴으로써 아담과 하와는 에덴동산에서 쫓겨났고, 생명나무를 만질 수 없게 되었고, 하나님과 단절되었습니다. 인생의 가장 큰 고통은 돈이나 음식이 없는 것이 아닙니다. 최대 고통은 하나님을 잃어버림으로 갖게 된 절대적인 고독입니다.

많은 사람이 하나님을 만나고 싶어 하고 그분께 가까이 가고자 하지만 그러지 못합니다. 원인은 죄 때문입니다. 죄는 하나님과 사람의 관계를 갈라놓았습니다. 그러므로 누구든지 하나님께 나가려면 죄 문제를 해결해야 합니다. 하나님은 거룩하시기 때문입니다. 거룩과 죄는 본질적으로 만날 수 없습니다.

제사는 사람 안에 있는 모든 더러운 죄와 하나님이 싫어하시는 모든 죄를 감추는 행위입니다. 그런데 제사를 드리려면 제물이 필요합니다. 제물 없는 제사는 없습니다. 가인과 아벨도 제물을 가지고 하나님을 만나려고 했습니다. 가인은 농사를 지었기 때문에 농산물을, 아벨은 목축을 했기 때문에 양의 첫 새끼와 그 기름을 드림으로써 하나님께 나아가는 길을 모색했습니다.

여호와께서 아벨과 그의 제물은 받으셨으나 가인과 그의 제물은 받지 아니하신지라(창 4:4-5).

제사를 드리는 일은 귀한 일입니다. 그런데 하나님은 가인의 제사는 받지 않으셨고, 아벨의 제사만 받으셨습니다. 여기서 우리는 하나님이 받으시지 않는 제사도 있다는 교훈을 얻게 됩니다. 주일이면 만사 제쳐 두고 교회에 가서 예배를 드리더라도 하나님이 어떤 사람의 예배는 받으시고, 어떤 사람의 예배는 받으시지 않는다는 것입니다. 이는 굉장히 심각한 일입니다. 우리가 아무리 20여 년 동안 예배를 드리고 찬송을 부르며 기뻐했어도 하나님이 우리의 예배를 받으시지 않았을 수도 있다는 것입니다.

하나님이 기뻐하시는 예배가 있고, 기뻐하시지 않는 예배가 있습니다. 하나님은 예배의 겉모습을 보시는 것이 아니라 중심을 보시는 분입니다. 따라서 아무리 좋은 형태를 가진 예배라 할지라도 중심이 바르지 않으면 기뻐하시지 않습니다. 하나님이 이사야 1장 10-17절에서 하신 말씀을 기억해 보십시오. 하나님은 예배 받는 것이 오히려 피곤하고, 사람들이 제물을 가져오고 성회를 베푸는 모든 일이 싫다고 하셨습니다. 이유가 무엇입니까? 죄를 회개하지 않아 손에 피가 가득한 채 예배를 드리기 때문입니다. 악을 버리지 않고서 거짓되고 속이는 제사를 드리기 때문입니다. 우리는 우리 자신이나 다른 사람들은 속일 수 있습니다. 그러나 하나님은 속일 수 없습니다.

예배는 형태가 중요한 것이 아니라 예배드리는 사람의 중심이 중요합니다. 하나님은 이사야 선지자와 예레미야 선지자가 살던 시대의 모든 예배를 거절하셨습니다. 당시 사람들은 진정으로 예배드리지 않았기 때문입니다. 예수님은 마태복음 5장 23-24절에서 이렇게 말씀하셨습니다.

> 그러므로 예물을 제단에 드리려다가 거기서 네 형제에게 원망 들을 만한 일이 있는 것이 생각나거든 예물을 제단 앞에 두고 먼저 가서 형제와 화목하고 그 후에 와서 예물을 드리라(마 5:23-24).

하나님은 용서하지 않고 분노를 품고 와서 예배드리는 것을 원하시지 않습니다. 하나님은 형제에게 원망 들을 만한 일이 있거든 돌아가서 그와 화목하는 것이 예배라고 가르치셨습니다. 참된 예배는 사랑하고 용서하는 것입니다. 분노하고 미워하면서 드리는 예배는 예배가 아닙니다.

한국에 많은 교회가 있고, 주일이면 많은 사람이 예배를 드리고 있지만 세상은 변하지 않습니다. 교회나 성도나 목사가 없어서, 헌금이 부족해서, 설교가 없어서가 아닙니다. 이 모든 것이 풍성해도 하나님이 기뻐하시는 예배를 드리지 않고, 예배를 드리면서도 계속 죄를 짓고, 하나님이 기뻐하시지 않는 일을 하기 때문에 세상이 변하지 않는 것입니다. 이러한 예배는 종교적인 부흥과 업적은 가져올 수 있을지 몰라도 참된 예배는 결코 될 수 없습니다.

왜 가인의 예배는 안 되고, 아벨의 예배는 되는가?

사실 이 말씀을 잘못 해석하면 신앙적으로 상처를 받을 수 있습니다. 열심히 예배를 드려 왔는데 하나님이 예배를 받으시지 않는다면 얼마나 마음이 상하겠습니까. 그런데 히브리서 11장 4절을 보면, 가인과 아벨이 드린 제사에 대한 보다 자세한 설명을 알 수 있습니다.

> 믿음으로 아벨은 가인보다 더 나은 제사를 하나님께 드림으로 의로운 자라 하시는 증거를 얻었으니 하나님이 그 예물에 대하여 증언하심이라 그가 죽었으나 그 믿음으로써 지금도 말하느니라(히 11:4).

하나님이 가인의 제사는 받으시지 않고 아벨의 제사는 받으신 이유가 무엇입니까? 첫째, 믿음으로 아벨은 가인보다 더 나은 제사를 하나님께 드렸기 때문입니다. 아벨은 '믿음으로' 예배를 드렸습니다. 하나님은 믿음으로 드리는 예배를 기뻐하십니다. 형식과 전통이 아니라 믿음으로 드리는 예배가 참된 예배입니다. 우리가 드리는 예배의 형식 안에 믿음이 없다면 참된 예배가 아닙니다. 그것은 단지 프로그램의 반복일 뿐입니다. 예배를 드리지 않으면 교통사고를 당할까 봐 두려워서 드리는 예배나 습관적으로 드리는 예배는 하나님이 받으시지 않습니다.

믿음이 없이는 하나님을 기쁘시게 하지 못하나니 하나님께 나아가는 자는 반드시 그가 계신 것과 또한 그가 자기를 찾는 자들에게 상 주시는 이심을 믿어야 할지니라(히 11:6).

가인과 아벨이 어떻게 예배를 드렸는지는 성경에서 설명하고 있지 않기 때문에 우리가 잘 알 수 없습니다. 그러나 분명한 것은 아벨은 믿음으로 예배를 드렸고, 가인은 종교 의식과 형식으로 예배드렸다는 것입니다. 우리가 하나님께 드리는 예배가 믿음으로 드려지는 예배가 되기를 원합니다. 율법의 예배가 아니라 은혜의 예배가 되기를, 문자의 예배가 아니라 영의 예배가 되기를 간절히 바랍니다. 살아 있는 예배, 성령의 예배, 하나님의 임재가 있는 예배가 되기를 바랍니다.

우리의 예배가 방자하고 교만한 이유는 하나님이 계시지 않다고 생각하기 때문입니다. 교회에 왔지만 사람만 봅니다. 예배가 진지하지 못한 이유는 하나님께 집중하지 못하기 때문입니다. 그러나 하나님은 우리가 예배드리는 장소에 계십니다. 그 하나님 앞에 믿음으로, 영으로 드리는 예배가 참된 예배입니다.

둘째, 참된 예배는 하나님께 의롭다 하심을 인정받는 것인데, 아벨은 '의로운 자'라는 인정을 받을 만한 예배를 드렸습니다. 아벨은 예배를 드린 후에 하나님으로부터 "너는 의롭다"는 증거를 얻었습니다. '의롭다'라는 말은 죄가 가려졌다는 뜻입니다.

가인이 드린 곡식 제물은 마치 무화과나무 잎과 같았습니다. 아담과 하와가 죄를 짓고 무화과나무 잎으로 수치를 가리려 했지만 결코 가려지지 않았던 것처럼, 가인이 드린 예배는 가인의 죄를 감출 수 없었습니다. 그러므로 가인은 죄를 지은 그대로 제사에 나아간 것입니다.

그러나 아벨은 양의 첫 새끼를 하나님께 제물로 드렸습니다. 하나님이 아담과 하와가 두르고 있던 무화과나무 잎을 거두시고 동물을 죽여 가죽옷을 지어 입히심으로 그들의 죄를 가려 주셨듯이, 아벨이 양으로 드린 제사는 양이 죽음으로써 피를 흘린 제사였습니다. 그 피가 아벨의 죄를 가려 주었습니다. 그래서 아벨이 드린 제사는 의롭다는 인정을 받은 것입니다. 죄가 없어진 것이 아니라 죄가 가려진 것입니다.

죄가 가려지지 않은 종교적이고 윤리적인 예배는 소용없습니다. 우리의 죄가 가려져야 예배가 가능해집니다. 예수 그리스도의 피를 의지해 믿음으로 예배드릴 때 예수의 피가 우리의 죄를 가려 주며 우리는 의롭다 하심을 받습니다. 그때 그 예배는 영과 진리로 드려지는 참된 예배가 됩니다. 할렐루야!

당시에는 왜 하나님이 아담과 하와에게 가죽옷을 입히셨는지, 왜 어린 양을 제물로 바쳐야 하는지 완전히 이해할 수 없었습니다. 마치 망원경을 볼 때 초점이 흐리면 잘 보이지 않는 것과 같습니다. 그러나 초점이 잘 맞으면 사물이 정확하게 보입니다. 이와 같이 정확하게 보인 것이 바로 갈보리 언덕 십자가 사건입니다. 하나님의 어린 양 예수님이 인류의 모든 죄를 대신 지고 십자가에 못박혀 죽으심으로 누구든지 그 피를 믿는 자는 구원을 얻고 회복하게 되었습니다. 이것이 예배입니다.

가죽옷으로 시작해 어린 양을 하나님께 드린 아벨의 제사, 제사장이 염소와 송아지로 드린 제사가 날마다 있었지만 이 제사들은 완전하지 못했습니다. 그것은 우리의 죄를 온전히 깨끗하게 하지 못했습니다. 그러나 갈보리 언덕에서 예수로 드린 제사로 인해 비로소 우리의 죄가 눈과 같이 희어졌습니다.

하나님 앞에 나아가는 자는 '의로운 자', '거룩한 자'라야 합니다. 하나님은 죄 있는 자의 기도는 들어주시지 않습니다. 그리고 예수 그리스도의 피만이 사람의 죄를 가릴 수 있습니다. 교회에 와서 단순히 설교만 듣고 돌아가는 것이 아니라, 어린 양 예수 그리스도의 피를 의지해 죄가 가려지고 하나님 앞에서 의로운 자가 되어 하나님께 경배와 찬양을 드리는 것이 참된 예배입니다. 하나님은 이러한 예배를 기뻐 받으십니다.

히브리서 9장 6-14절에 의하면, 우리는 염소와 송아지의 피로 구원받은 것이 아니라 예수 그리스도의 십자가 피로 구원받았습니다. 그분의 피로 말미암아 양심이 깨끗해졌으며 하나님께 나아갈 길을 얻었습니다. 이것이 예배입니다. 우리가 드리는 예배도 형식적이고 종교적인 예배가 아니라, 아벨이 어린 양으로 드린 예배처럼 어린 양 되신 예수 그리스도의 십자가 보혈을 의지하는 예배가 되기를 바랍니다. 십자가 보혈을 의지해 예배드릴 때 성령이 우리의 양심까지 깨끗하게 하시는 역사가 나타납니다. 그때 우리는 하나님을 느낄 수 있으며, 하나님의 구원과 죄 용서를 경험하게 됩니다.

온통 거절감뿐인 사회에서 나를 품으시는 하나님

하나님은 아벨의 예배는 기쁘게 받으셨고, 가인의 예배는 거절하셨습니다. 이 말씀 앞에서 실족하는 사람이 많습니다. 그들은 "가인이 무슨 죄가 있는가? 그는 직업이 농부이기 때문에 농산물을 드릴 수밖에 없었다"라고 말합니다. 그러나 가인은 동생을 찾아가 양을 빌렸어야 했습니다. 대부분 사람들이 실족하는 이유는 자존심 때문입니다. 창세기 25장 23절에서도 하나님은 이삭의 아내 리브가에게 "큰 자가 어린 자를 섬기리라"라고 말씀하셨습니다. 하나님은 에서를 택하시지 않고 야곱을 택해 복을 주셨습니다. 가인은 농사를 짓는 사람이었지만 직업과 상관없이 양으로 제사를 드렸어야 했습니다.

> 가인과 그의 제물은 받지 아니하신지라 가인이 몹시 분하여 안색이 변하니(창 4:5).

가인은 자기의 제사가 하나님께 받아들여지지 않았다는 사실을 알게 되었습니다. 우리는 여기서 '거절감'이라는 중요한 단어를 발견할 수 있습니다. 사람이 가진 가장 깊은 상처는 거절감입니다.

배 속에 있을 때 부모가 낙태를 하려고 했던 아이는 성장해도 그 상처가 남아 있다고 합니다. 또 아이들이 자라면서 부모 때문에 받는 상처가 있습니다. 이렇게 상처를 받으면서 자란 사람은 결혼해서도 배우자가 자기를 거절할 것이라고 생각합니다. 그래서 여러 가지 방법으로 비위를 맞추려고 애씁니다.

우리는 온통 거절당하는 것의 연속인 사회 속에서 살고 있습니다. 때로 입사를 거절당하고, 청혼을 거절당하기도 합니다. 거절감을 가지고 사는 사람들은 다른 사람들이 자신을 환영해 주지 않는다고 생각합니다. 그래서 그들은 거절당하지 않으려고 방어 기제를 발휘해 먼저 공격합니다.

우리에게 거절감이 생긴 이유는 잘못된 예배를 드렸기 때문입니다. 그러므로 바른 예배를 드리며 예수 그리스도께로 나아가면 어렸을 때부터 받았던 거절감 때문에 생긴 상처가 치유됩니다. 가인은 자기의 제물이 받아들여지지 않았다는 사실을 알고는 분이 나고 안색이 변했습니다. 이처럼 예배가 받아들여지지 않은 사람은 얼굴에 분이 드러나고, 마음이 불편해지며, 원망과 불평을 하고, 작은 일에도 화를 냅니다. 그러나 참된 예배를 드린 사람은 기쁨이 충만합니다.

우리 마음속에 있는 거절감이 지금 모두 치유되기를 바랍니다. 하나님은 우리를 거절하시지 않고 영접하십니다. 우리를 사랑하시고 우리가 돌아오기를 바라고 계십니다. 부모는 자식이 아무리 잘못해도 다시 품어 줍니다. 하나님도 마치 부모처럼 우리를 품어 주십니다.

거절당한 사람의 마음속에는 항상 분노가 있습니다. 분노는 사람의 얼굴을 사납게 만듭니다. 사람들은 분노로 얼굴이 사나워진 사람 곁에는 가려 하지 않습니다. 창세기 4장 5절도 예배를 거절당한 가인의 안색이 변했다고 말합니다. 그런 사람은 아무리 좋은 향수를 뿌리고 값비싼 화장품을 발라도 안색이 바뀌지 않습니다.

그러나 성령 충만하면 화장품이 필요 없습니다. 기쁨이 충만해집니다. 그러므로 우리는 참된 예배를 드려야 합니다. 십자가 보혈의 예배, 성령의 예배, 사랑의 예배, 용서의 예배, 감격의 예배가 드려질 때 우리의 예배가 하나님께 받아들여질 것입니다. 예배가 온전히 드려질 때 우리 안에 있는 분노와 거절감의 상처가 사라질 것이며, 우리 얼굴의 상처가 치유될 것입니다.

여호와께서 가인에게 이르시되 네가 분하여 함은 어찌 됨이며 안색이 변함은 어찌 됨이냐 네가 선을 행하면 어찌 낯을 들지 못하겠느냐 선을 행하지 아니하면 죄가 문에 엎드려 있느니라 죄가 너를 원하나 너는 죄를 다스릴지니라(창 4:6-7).

가인의 인생은 비참해졌습니다. 그러나 안심하십시오. 우리는 아벨의 후손인 줄 믿습니다. 예수 그리스도를 만났기 때문에 우리에게서 이 모든 저주가 떠날 것이며, 거절감도 분노도 사라질 것이며, 안색이 변하는 인생은 살지 않게 될 줄 믿습니다.

우리는 사람을 기쁘게 하는 예배가 아니라 하나님을 기쁘시게 하는 예배를 드려야 합니다. 우리가 드리는 예배가 보혈로 드리는 예배, 성령으로 드리는 예배가 되기를 간절히 원합니다. 그때 하나님이 영광을 받으실 줄 믿습니다.

2

인생의 방황에
종지부를 찍습니다

창세기 4:8-15

거절당하면 누구나 아프지만

우리는 하나님이 아벨의 제사와 그 제물은 기쁘게 받으셨지만, 가인의 제사와 그 제물은 기쁘게 받으시지 않았다는 말씀을 살펴보았습니다. 여기서 우리가 주목해야 할 표현이 한 가지 있는데, 그것은 '아벨과 그 제물', '가인과 그 제물'입니다. 이 표현은 사람과 제물은 구별되지 않음을 나타내 줍니다. 보통 제사는 제물만 드리면 되지만, 하나님이 받으시는 제사는 제물 못지않게 사람이 중요하고 사람과 제물이, 사람과 예배가 분리되지 않습니다.

성경에서 아담과 하와의 사건 이후 곧바로 예배의 사건을 다루고 있다는 점에서 예배의 중요성을 알 수 있습니다. 그런데 아벨과 그 제물은 하나님이 받으셨지만, 가인과 그 제물은 받으시지 않았기 때문에 가인에게는 거절감의 상처가 생겼습니다. 이렇듯 거절에서 상처가 생깁니다. 부모, 친구, 배우자 등 누구로부터든지 거절을 당하면 상처받게 되어 있습니다. 그리고 상처를 받으면 분노하게 되고, 분노하면 얼굴색이 변합니다.

하나님은 분노하며 얼굴색이 변한 가인에게 "네가 분하여 함은 어찌 됨이며 안색이 변함은 어찌 됨이냐 네가 선을 행하면 어찌 낯을 들지 못하겠느냐"(창 4:6-7)라고 물으셨습니다. 대부분의 사람들은 자기가 잘못을 저지르고서 도리어 화를 내고 소리를 지릅니다. 잘못하지 않은 사람들은 오히려 별로 소리 지르거나 화를 내지도 않습니다. 죄를 많이 지은 사람이 화도 많이 냅니다. 가인도 그러했습니다.

만일 잘못을 했다면 화를 내고 얼굴색이 변할 것이 아니라, 회개하고 겸손해야 합니다. 그러나 가인은 분노하고 얼굴색이 변했습니다. 하나님은 그런 가인에게 "네 평생에 죄가 너를 지배할 것이고 죄가 너를 따라다니게 될 것이다"라고 말씀하셨습니다. 겸손히 회개하는 사람에게서 죄는 떠나갑니다. 우리에게 죄가 평생 따라다니지 않기를 바랍니다. 죄가 있다고 하더라도 겸손하게 회개하면 죄는 그 즉시 떠나갑니다.

> 가인이 그의 아우 아벨에게 말하고 그들이 들에 있을 때에 가인이 그의 아우 아벨을 쳐죽이니라(창 4:8).

하나님은 가인의 잘못된 제사를 거절하셨고, 그로써 가인은 상처를 받았으며, 그 상처 때문에 분노가 생겼습니다. 분노로 가인의 얼굴색이 변했습니다. 만일 가인이 자신의 죄를 회개하고 다시 하나님께 제사를 드렸더라면 죄가 떠나가고 가인과 상관없어졌을 텐데, 유감스럽게도 가인은 그렇게 하지 못했습니다. 그 결과가 창세기 4장 8절에 나옵니다. 가인이 아벨에게 말했다고 성경은 이야기합니다. 그러나 사실 이 말은 가인이 아벨에게 화풀이한 것으로 설명할 수 있습니다. 왜냐하면 가인은 하나님께 거절당한 원인을 아벨에게 뒤집어씌우고 싶었을 것이기 때문입니다.

사람은 누구든지 실수를 하면 그 사실을 인정하기보다는 누구에겐가 전가하고 변명하고자 하는 본능을 갖고 있습니다. 가인 역시 자신의 잘못을 인정하지 않았고, 하나님께 거절당한 상처를 아벨에게 화풀이함으로 보상받고자 했습니다.

세월이 흐르면서 가인과 아벨의 관계가 나빠졌습니다. 가인은 아벨을 죽이고 싶은 마음이 생겼습니다. 어느 날 아무도 없는 들판에 둘만 있게 되었을 때 가인은 아벨을 죽였습니다. 그것은 우발적인 사건이 아니라 계획된 살인이었습니다. 미움과 분노는 살인을 낳습니다. 우리 마음속에 있는 작은 미움과 분노까지도 예수 이름으로 사라지기를 바랍니다.

여기서 한 가지 더 살펴볼 것은 가인이 아벨을 죽인 이유입니다. 사람들이 살인을 하는 대부분의 이유는 먹을 것이나 입을 것, 또는 이익이나 돈 때문입니다. 영토를 빼앗기 위해 전쟁을 하고, 윗자리에 오르기 위해 상대방을 헐뜯고, 미워하고, 죽이고, 파멸시킵니다. 또 사랑 때문에 사람을 죽이기도 합니다. 삼각관계가 생기면 한 사람을 독점하기 위해 사람을 해치기도 합니다.

그러나 이 말씀에서 가인이 아벨을 죽인 이유는 예배 때문이었습니다. 예배가 이렇게 중요합니다. 우리가 드리는 예배는 가인의 예배일 수도 있고, 아벨의 예배일 수도 있습니다. 즉 하나님이 받으시는 예배도 있고, 하나님이 받으시지 않는 예배도 있는 것입니다.

형태는 모두 같지만 내용이 다를 수 있습니다. 전통적으로, 형식적으로 주일에 그저 교회만 왔다 갔다 하는 예배는 하나님이 받으시지 않습니다. 우리가 마음과 뜻을 다하여 영과 진리로 예수 그리스도의 보혈을 의지해 하나님과 만나는 예배를 드릴 때 하나님은 그 예배를 받으십니다. 거짓되고, 종교적이며, 형식적인 예배는 몇십 년을 드려도 하나님과 상관이 없습니다. 그러나 가난한 마음으로 드리는 과부의 예배는 하나님이 받으시고 복을 내려 주십니다.

오늘날 교회가 부흥하는 길은 진짜 예배를 드리는 것입니다. 교회가 많다고 해서 모든 교회가 다 진짜 예배를 드리는 것이 아니며, 교인이 많다고 모두가 진짜 예배를 드리는 것은 아닙니다. 우리가 진짜 예배를 드리면 우리에게서 그리스도의 향기가 나고, 귀신이 떠나가고, 성령이 임하시고, 기적이 드러납니다. 하나님의 영광이 나타납니다. 우리가 진짜 예배를 드림으로 하나님의 영광 가운데 들어가 거룩하신 하나님과 만나게 되기를 바랍니다.

아벨은 최초의 순교자였습니다. 그는 예배 때문에 순교했습니다. 예배는 순교할 만큼 중요합니다. 순교할 각오로 예배를 드리면 하나님이 그 예배를 받으시고 복을 주십니다. 예수님이 "엘리 엘리 라마 사박다니"(마 27:46; 막 15:34)라고 외치시고 십자가에서 돌아가신 것은 예배의 절정이었습니다. 예수께서 온 인류의 죄를 대신 지시고 하나님 앞에서 기도하셨던 것이 예배의 전부라고 말할 수 있습니다.

거짓되고, 우상적이며, 물질적이고, 세속적인 예배는 언제나 사탄이 그 영광을 취합니다. 그러나 참된 예배에는 언제나 성령이 계시고, 하나님이 그 영광을 받으십니다.

우리의 죄 앞에 하나님은 울며 가슴을 치신다

> 여호와께서 가인에게 이르시되 네 아우 아벨이 어디 있느냐 그가 이르되 내가 알지 못하나이다 내가 내 아우를 지키는 자니이까(창 4:9).

가인을 향한 하나님의 질문이 시작되었습니다. 자세히 보면, 아담에게 질문하신 것과 동일하다는 사실을 알 수 있습니다. 하나님은 죄를 짓고 나서 벌거벗었음을 알고 숨어 있는 아담을 포기하시지 않고 "네가 어디 있느냐"(창 3:9)라고 부르며 찾아가셨습니다. 그때 아담은 "내가 벗었으므로 두려워하여 숨었나이다"(창 3:10)라고 말하면서 도피했습니다. 그럼에도 불구하고 하나님은 아담에게 "누가 너의 벗었음을 네게 알렸느냐"(창 3:11)라고 계속해서 질문하셨습니다.

마찬가지로 가인이 아벨을 살인하고 암매장한 후 그 자리에서 나올 때 하나님은 가인에게 "네 아우 아벨이 어디 있느냐"라고 물으셨습니다. 그때 가인은 "내가 알지 못하나이다"라고 답했습니다. 뿐만 아니라 덧붙여서 "내가 내 아우를 지키는 자니이까"라고 따지듯 말했습니다.

우리는 이 말씀에서 3가지 사실을 배울 수 있습니다. 첫째, 하나님은 죄인을 찾으신다는 것입니다. 하나님은 죄를 지은 사람에게서 돌아서시지 않고 찾아가서 물으십니다. 하나님이 아담과 가인이 죄를 지었는데도 찾아가신 이유는 사랑하시기 때문입니다. 구원하시고 싶기 때문입니다. "아담아, 네가 어디 있느냐?", "가인아, 네 아우 아벨이 어디 있느냐?"라고 물으시는 하나님의 마음에는 찢어지는 아픔과 상처가 있습니다. 마치 죄를 지은 자식을 심판할 수도 없고, 죄를 인정할 수도 없는 부모의 마음과 같습니다.

하나님은 울고 계십니다. 가슴을 치고 계십니다. "가인아, 네 아우 아벨이 어디 있느냐?"라는 물음은 가인이 회개하고 돌아오기를 기다리시는 하나님의 음성입니다. 하나님이 아벨이 어디 있는지 알 수 없어서 물으신 것이 아닙니다. 하나님이 우리를 찾아와서 질문하실 때는 무엇을 몰라서 물으시는 것이 아님을 알아야 합니다. 우리가 고백하지 않아도 모두 알고 계시지만 우리의 입으로 고백하기를 원하시는 것입니다.

둘째, 가인이 모른다고 부인하며 "내가 내 아우를 지키는 자니이까"라고 항변했다고 죄가 없어지지는 않는다는 것입니다. 우리가 아무리 죄를 부인하고 감추어도 죄는 없어지지 않습니다. 사람은 자기가 자기 눈을 가리면 세상이 모두 가려진다고 생각합니다. 그러나 손바닥으로 우주를 가릴 수 없습니다. 인간이 자기의 죄를 가리려고 하는 것은 손바닥으로 우주를 가리려는 것과 같이 어리석은 행동에 불과합니다.

죄의 삯은 사망입니다(롬 6:23). 용서받지 않은 죄는 털끝만 한 것도 없어지지 않습니다. 세상 모든 만물은 썩지만 죄는 썩지 않고, 시간이 갈수록 더 생생하게 살아 있습니다. 그러나 우리 주 예수 그리스도의 피에 그 죄를 적시면 순식간에 모두 없어집니다. 아무리 큰 죄도 예수 그리스도의 보혈로 씻으면 없어집니다. 하지만 아무리 작은 죄도 회개하지 않으면 수천 년이 흘러도 여전히 남아 있고, 그 죄가 우리를 고발할 것입니다.

하나님은 아담과 가인에게 하셨던 질문을 우리에게도 하십니다. "네 아내는 어디 있느냐? 네 남편, 네 자녀, 그리고 네가 팽개친 부모는 어디 있느냐? 네 친구, 네 사랑하는 동료들은 어디 있느냐?"라고 물으십니다. 그때 많은 사람이 "저는 몰라요. 알아서 살고 있겠지요"라고 답합니다. "제가 그 사람들을 지키는 사람입니까? 저는 바쁩니다"라고 대답합니다. 이것이 바로 우리의 대답이고, 가인의 대답이었습니다. 이 모든 대답은 무관심을 드러냅니다.

하나님은 우리에게 관심이 있으시지만, 우리는 서로에게 관심이 없습니다. 남에게 관심이 없는 사람은 자신에게도 관심이 없는 사람입니다. 다른 사람을 사랑할 줄 모르는 사람은 자기 자신도 사랑할 줄 모릅니다. 그런 사람은 너무나 외롭고, 고독하고, 불행하게 살아가는 사람입니다. 우리가 그런 사람이 되지 않기를 바랍니다.

자녀가 자살하려는 마음을 갖고 있다는 것을 부모가 모를 수도 있습니다. 아내와 남편이 함께 한집에 살고 있지만 그들의 마음이 천길만길 떨어져 있는 부부도 있습니다. 그 사실을 모르고 같이 밥을 먹고 같이 잠을 자면서 살아갑니다. 그러고는 아무 문제가 없다고 말합니다. 이 얼마나 큰 비극입니까! 가까이 있는 사람들의 영혼에 관심을 갖기 바랍니다. 그들의 중심을 이해하는 영적 통찰력을 가지고 그들을 위해 눈물을 흘리고, 사랑하고, 격려하고, 축복하고, 전도하는 마음이 우리에게 있기를 바랍니다.

그러나 가인은 유감스럽게도 모른다고 변명을 하고 말았습니다. 죄를 지었으면 변명하거나 부인하지 말고 회개하십시오. 예수님께로 돌아오십시오. 예수님은 "수고하고 무거운 짐 진 자들아 다 내게로 오라 내가 너희를 쉬게 하리라"(마 11:28)라고 말씀하셨습니다. 또한 "만일 우리가 우리 죄를 자백하면 그는 미쁘시고 의로우사 우리 죄를 사하시며 우리를 모든 불의에서 깨끗하게 하실 것이요"(요일 1:9)라는 약속을 주셨습니다. 주님은 우리의 죄를 용서하기 원하십니다. 돌아오십시오. 그분께로 나오십시오. 우리의 죄가 눈과 같이 깨끗해질 것입니다.

셋째, 아벨이 흘린 순교의 피는 죽었다고 해서 없어지지 않는다는 것입니다.

> 이르시되 네가 무엇을 하였느냐 네 아우의 피 소리가 땅에서부터
> 내게 호소하느니라(창 4:10).

아벨은 돌에 맞아 피를 흘리며 죽었고 매장당했습니다. 그러나 하나님은 비록 아벨의 육신은 죽었으나 그 피는 땅으로 들어가서 땅에서부터 하나님께 호소하고 있다고 말씀하셨습니다. 가인의 죄가 부인한다고 없어지지 않는 것처럼, 아벨의 피도 땅에 흘려 없어진 것처럼 보이지만 그 피는 소리를 지릅니다. 의인은 죽지 않습니다. 죽어도 다시 삽니다. 죄인 또한 죽지 않습니다. 죄인은 죽어서 육신이 땅에 들어가겠지만 그 역시 영원히 삽니다.

인간은 하나님의 형상과 모양대로 지으심을 받은 영광스런 신적 존재입니다. 사람들은 흔히 "죽으면 그만이지" 합니다. 동물은 죽으면 그만입니다. 그러나 사람은 죽음이 끝이 아닙니다. 자살해도 끝나지 않습니다. 예수를 믿지 않으면 영원히 지옥에서 살게 되고, 예수를 믿으면 영원히 천국에서 살게 됩니다.

사람이 죄를 지으면 그 대가를 영원히 받아야 합니다. 그저 몇 년 동안 형벌을 받고 그만이면 좋겠지만 그렇지 않습니다. 마라톤 선수는 경주에 끝이 있기 때문에 열심히 뛸 수 있습니다. 그러나 끝이 없이 영원히 뛰어야 한다고 생각해 보십시오. 인간의 영혼

도 끝이 없습니다. 그리고 죽음으로 죄가 끝나지 않습니다. 죽음이 끝이 아닙니다. 이 사실을 알고 나면 전도하지 않을 수 없습니다.

"네 아우의 피 소리가 땅에서부터 내게 호소하느니라"라는 말씀은 구약에서의 첫 번째 부활 사건입니다. 예수님은 누가복음 11장 51절에서 "곧 아벨의 피로부터 제단과 성전 사이에서 죽임을 당한 사가랴의 피까지 하리라 내가 너희에게 이르노니 과연 이 세대가 담당하리라"라고 말씀하셨습니다. 이 말씀에 비추어 볼 때 아벨은 성경에 나타난 첫 번째 제사장입니다. 그리고 선지자의 반열에 아벨이 있습니다. 이러한 아벨의 피는 죽음으로 끝나지 않고 그 피가 계속해서 소리를 지르고 있습니다.

부활을 믿으십시오. 우리는 죽음으로 끝나지 않습니다. 우리가 예수를 믿은 사건은 지금은 크게 느껴지지 않지만 죽음 이후에는 큰 사건입니다. 유정란과 무정란은 겉보기에는 별 차이가 없습니다. 그러나 암탉의 품에 들어가면 달라집니다. 약 20일이 지난 후에는 어떤 달걀에서는 병아리가 나오지만, 어떤 달걀은 썩어 버리고 맙니다. 우리가 살아 있는 동안에는 알 수 없지만 육체의 죽음이 올 때 한 영혼은 영원한 천국으로, 또 다른 영혼은 영원한 지옥으로 가게 됩니다. 영원한 지옥이 있다는 사실을 기억하십시오.

우리에게 천국에 간다는 확신이 있기를 간절히 바랍니다. 혹시 그런 믿음이 없다면 예수 그리스도를 믿으십시오. 예수를 믿음으로 말미암아 우리의 영혼이 천국으로 갈 줄 믿습니다.

삭막한 세상, 예수 없이는 한 시간도 살 수 없다

> 땅이 그 입을 벌려 네 손에서부터 네 아우의 피를 받았은즉 네가 땅
> 에서 저주를 받으리니(창 4:11).

인간이 땅에 피를 쏟았기 때문에 땅은 인간을 저주하게 되었습니다. 이 지상에 존재하는 인류의 삶을 보면 저주가 아닌 것이 없습니다. 병, 고통, 아픔, 배신, 싸움, 갈등으로 가득 차 있습니다. 저주를 뿜어내고 있는 이 삭막한 세상에서 우리는 예수 없이, 하나님 없이 한 시간도 살 수 없습니다. 우리에게서 모든 저주가 끝나기를 바랍니다. 아벨의 피로 인해 땅이 인간에게 저주를 주게 되었습니다. 그러나 예수 그리스도로 말미암아 저주가 사라지고, 질병과 갈등이 없어지고, 예수 그리스도의 평안이 임하기를 바랍니다.

> 네가 밭을 갈아도 땅이 다시는 그 효력을 네게 주지 아니할 것이요
> 너는 땅에서 피하며 유리하는 자가 되리라(창 4:12).

살인한 피를 받은 땅이 인간에게 준 첫 번째 저주는 '밭을 갈아도 효력이 없는 것'입니다. 나이 든 사람은 "건강이 옛날 같지 않아"라고 자주 말합니다. 이와 마찬가지로 전에는 땅을 갈면 농사가 잘되었는데, 죄를 짓고 난 후에는 무엇을 해도 잘되지 않았습니다.

두 번째 저주는 '땅에서 피하며 유리하는 자가 되는 것'입니다. 이것은 방황입니다. 인생의 가장 큰 저주는 방황입니다. 시작은 있지만 끝이 없는 것이 방황입니다. 하나님이 없는 사람에게는 방황이 있습니다. 방황이라는 말은 문학적으로는 아름다울지 모르지만, 실존적으로는 죽음을 의미합니다. 그러나 하나님의 집에는 안식이 있습니다. 방황의 끝이 있습니다. 하나님은 우리를 편안하게 영접하십니다. 하나님은 "내게로 돌아오라 그리하면 나도 너희에게로 돌아가리라"(말 3:7), "너희는 마음에 근심하지 말라 하나님을 믿으니 또 나를 믿으라 내 아버지 집에 거할 곳이 많도다"(요 14:1-2)라고 약속하셨습니다.

> 가인이 여호와께 아뢰되 내 죄벌이 지기가 너무 무거우니이다 주께서 오늘 이 지면에서 나를 쫓아내시온즉 내가 주의 낯을 뵈옵지 못하리니 내가 땅에서 피하며 유리하는 자가 될지라 무릇 나를 만나는 자마다 나를 죽이겠나이다(창 4:13-14).

살인자에게 내려진 형벌은 '땅에서 저주를 받아 밭을 갈아도 땅이 효력을 주지 않고 땅에서 피하며 유리하는 자가 되는 것'입니다. 그리고 드디어 가인은 죄의 짐이 얼마나 고독하고 힘든지를 깨달았습니다. 전에는 죄에 대해 아무 생각 없이 살았는데, 실제로 죄의 무거운 짐에 눌려 보고 나서야 심각성을 깨달았습니다. 가인은 하나님을 붙잡고 죄의 대가인 벌을 감당할 수 없다고 고백했습니다. "저는 할 수 없습니다. 도와주십시오"라고 말했습니다. 죄의 짐과 고독과 아픔을 경험한 사람만 이런 말을 할 수 있습니다.

> 여호와께서 그에게 이르시되 그렇지 아니하다 가인을 죽이는 자는 벌을 칠 배나 받으리라 하시고 가인에게 표를 주사 그를 만나는 모든 사람에게서 죽임을 면하게 하시니라(창 4:15).

　죄를 지은 가인에게 하나님은 표를 주사 죽임을 면하게 해 주셨습니다. 하나님의 은혜입니다. 하나님은 죽을 수밖에 없는 죄인에게 하나님의 아들 예수 그리스도를 보내셨습니다. 그리고 누구든지 예수 그리스도를 믿고 영접하는 자에게는 하나님의 자녀가 되는 권세를 주실 뿐만 아니라(요 1:12) 하나님의 자녀에게 주는 유산을 주겠다고 약속하셨습니다.

　이 말씀을 읽은 모든 사람이 이 시간 예수 그리스도 앞으로 돌아오기를 바랍니다. 예수님의 영광스러운 은혜 안에 들어와서 인생의 방황에 종지부를 찍고 새로운 인생을 살기 바랍니다. 주님이 우리에게 복을 내려 주실 것입니다.

3

여호와의 이름을
부릅니다

창세기 4:16-26

죄를 지었어도, 못났어도 하나님 앞을 떠나지만 말라

가인은 아벨을 죽인 후에 아담과 똑같은 벌을 받았습니다. 죄에는 벌이 뒤따른다는 사실을 기억해야 합니다. 죄는 숨겨지지 않습니다. 모든 물건은 썩지만, 죄는 썩지 않습니다. 시간이 지나가면 모든 문제는 잊힙니다. 그러나 예수님의 보혈로 죄를 씻지 않으면 죄는 그대로 있습니다. 죄를 짓기 전이나 죄를 지을 때에는 죄의 대가가 얼마나 큰지 알 수 없습니다. 그러나 죄의 대가는 우리가 생각하는 것보다 훨씬 심각하고, 용서받지 않으면 영원히 지속됩니다.

아담은 죄를 지은 후에 하나님께 형벌을 받아 에덴동산에서 쫓겨났고, 생명나무는 감추어졌습니다. 그리고 남자는 이마에 땀을 흘리며 수고해야 하고, 여자는 해산하고 남자를 사모하는 고통이 생겼습니다. 그뿐 아니라 땅은 인간으로 인해 저주를 받았고, 자연 또한 인간을 저주하게 되었습니다.

가인에게 주어진 벌은 밭을 갈아도 땅이 다시는 그 효력을 내지 않고, 땅에서 피하며 유리하는 자가 되는 것이었습니다. 즉 방황이 그의 벌이었습니다. 매 맞는 벌은 차라리 낫습니다. 벌 중에 가장 가혹한 벌은 방황입니다. 방황이란 안식이 없다는 뜻입니다. 인간의 고독은 방황으로부터 옵니다.

가인은 땅에서 피하며 유리하는 자가 되어 앉을 자리도, 누울 자리도 없었습니다. 어디를 가도 그의 자리가 없었습니다. 이것이 바로 가인이 겪어야 하는 혹독한 죄의 대가였습니다. 죄를 짓기 전에는 몰랐고, 살인할 때도 몰랐습니다. 그러나 죄를 지은 후 그에게 찾아온 고독과 방황과 두려움은 인간으로서는 도저히 견딜 수 없는 심판이라는 사실을 가인은 알게 되었습니다. 그래서 창세기 4장 13절에서 가인은 하나님을 향해 "내 죄벌이 지기가 너무 무거우니이다"라고 하소연했습니다.

우리가 죄를 짓는 이유는 죄의 대가가 얼마나 심각한지를 모르기 때문입니다. 죄를 지으면 평생 죄책감이나 죽음의 그림자가 따라다니고 불안과 두려움이 쫓아옵니다. 그러나 하나님은 심판 중에도 가인에게 표를 주셔서 그를 만나는 모든 사람이 그 표를 보고 그를 죽일 수 없도록 해 주셨습니다. 그러므로 인간은 이 표를 달고 방황하는 존재입니다.

가인이 여호와 앞을 떠나서 에덴 동쪽 놋 땅에 거주하더니(창 4:16).

성경은 가인에 대해 '여호와 앞을 떠났다'라고 한마디로 표현했습니다. 우리는 하나님과 함께 있을 때 행복하지만, 하나님을 떠나면 불행해집니다. 집 안에 있을 때는 그래도 안식할 수 있지만, 집을 나가면 그때부터 고통입니다. 가인은 마치 돌아갈 집도 없이 계속해서 경찰에게 쫓기며 숨어 살아야 하는 도망자 신세 같았습니다.

가인은 하나님 앞을 떠났습니다. 아담과 하와는 원래 에덴동산에서 하나님과 함께 살게 되어 있었지만, 죄로 말미암아 에덴동산에서 쫓겨났습니다. 그렇지만 그들의 자녀들인 가인과 아벨이 하나님께 제사를 드린 정황으로 보아 죄 가운데서도 하나님과 지속적으로 관계를 맺고 있었다는 사실을 알 수 있습니다.

죄를 지어 아무리 하나님이 보시기에 악한 삶을 살고 있다고 할지라도 하나님과의 관계의 끈을 놓지 마십시오. 정말 중요합니다. 교회는 계속 다니십시오. 하나님의 이름을 놓치지 마십시오. 그래야 다시 살아날 기회가 있습니다. 하나님과의 관계의 끈을 놓치면 영원히 미아가 되고 맙니다. 가인은 잘못된 제사를 드려서 하나님께 꾸중을 듣고 야단을 맞았지만, 여전히 하나님의 이름을 불렀고 제사를 드렸습니다. 그러나 지금은 안타깝게도 하나님 앞을 떠났습니다. 즉 하나님과의 관계의 줄을 놓친 것입니다. 이것은 보통 사건이 아닙니다.

문제가 해결되지 않고, 고통이 계속되고, 원하지 않는 삶을 살고 있다 할지라도 우리는 하나님을 붙잡아야 합니다. 성경을 놓지 마십시오. 그렇게 할 때 하나님이 역사하셔서 과거의 잘못된 것들을 청산하게 하십니다. 죄를 끊지 못하던 삶이라 할지라도 하나님이 한순간에 찾아오심으로 회복시키십니다.

그러나 유감스럽게도 가인은 하나님을 떠났고, 성경은 그가 하나님을 떠나 "에덴 동쪽 놋 땅에 거주하더니"라고 설명하고 있습니다. 우리는 "에덴의 동쪽"이라는 멋있는 영화를 기억합니다. 그러나 에덴의 동쪽은 멋있는 곳이 아닙니다. 에덴의 동쪽이라는 말은 에덴으로부터 점점 더 멀어졌다는 의미입니다. 즉 가인은 아담과 하와가 에덴에서 쫓겨나 살았던 곳에서 동쪽으로 더 멀리 떨어진 곳으로 옮겨 갔다는 것입니다. 결국은 하나님과도 더 멀리 떨어졌습니다.

하나님은 성경을 통해 우리에게 말씀하십니다. "너희는 내게로 돌아오라 … 그리하면 내가 너희에게로 돌아가리라"(슥 1:3). 그러므로 죄를 지었다 할지라도 포기하지 말고 하나님께로 돌아오십시오. 자신이 비록 완전하지 못하고, 죄 문제를 해결하지 못하고 있다 해도 도망가지 말고 돌이키십시오. 하나님이 은혜를 베풀어 주시고 기회를 주실 줄 믿습니다.

하나님 곁을 떠나면 너무 불행한 우리 인생

가인은 여호와 앞을 떠나 더 멀리 에덴의 동쪽 놋 땅으로 이동하고 말았습니다. 우리는 한때 교회를 잘 나오고 예수도 잘 믿던 사람이 타락해서 영원히 교회를 떠난 경우도 보았고, 또다시 주님께로 돌아온 사람도 보았습니다. 그런데 예수를 떠나 영원히 돌아오지 않는 사람들은 예수를 믿지 않는 사람보다 더 악하고 잔인한 사람으로 변하곤 합니다. 가룟 유다를 떠올려 보십시오. 그는 3년 동안이나 예수님의 제자로서 예수님과 함께 다니고, 함께 밥도 먹고, 그분의 설교도 들었습니다. 그는 예수님이 행하신 기적도 보았고, 제자 조직에서 회계를 맡았던 사람입니다. 그런데도 가룟 유다는 시험에 들어 예수님을 은 30에 팔아넘기는 엄청난 일을 저질렀습니다. 그리고 결국은 자살했습니다. 사도행전을 보면, '아겔다마'라는 피밭에서 창자가 터져 죽었다고 합니다(행 1:18-19).

설혹 타락하더라도 가서는 안 되는 데까지 가지 않기를 바랍니다. 하나님께로 돌아오십시오. 일시적으로 시험을 받아 교회에 나오지 않을 수 있고, 하나님을 믿지 못할 수도 있습니다. 그러나 그 정도로 끝내고 빨리 돌아와야 합니다. 계속 그 모습으로 있으면 비참해집니다.

구약성경에 그런 예가 있습니다. 바로 사울왕입니다. 사울은 이스라엘의 초대 왕으로서 사무엘에게 하나님의 기름 부으심을 받은 복 받은 사람이었습니다. 그러나 하나님의 말씀을 불순종한 까닭에 하나님의 책망을 받았고, 다윗을 질투해 죽이려 했으며, 결국에는 반미치광이가 되었습니다. 그리고 나중에는 무당을 찾아가는 등 인생이 너무나 비참해졌습니다.

우리는 인간이기 때문에 배신할 수도 있고, 잘못될 수도 있습니다. 그러나 하나님을 놓으면 안 됩니다. 하나님을 놓치지 마십시오. 다시 돌아올 기회를 만드십시오. 인류 역사상 가공할 만한 해를 끼쳤던 사람들이 많이 있었는데, 그들을 조사해 보면 대부분 어렸을 때 교회에 다녔거나 기독교적인 배경에서 자라난 사람들이었습니다.

그중에 한 사람이 프리드리히 니체(Friedrich Nietzsche)입니다. 그는 하나님을 버렸고, 하나님을 죽였습니다. 그리고 미치광이가 되어 죽어 갔습니다. 《짜라투스트라는 이렇게 말했다》는 예수님의 산상 설교와 문체가 똑같습니다. 그러나 산상 설교를 100% 틀리게 말했습니다. 공산주의를 창설한 칼 마르크스(Karl Marx), 유태인을 600만 명이나 학살한 아돌프 히틀러(Adolf Hitler)도 모두 기독교와 접촉점이 있었던 사람들입니다. 그러나 그들은 하나님이 주시는 복을 놓치고 가공할 만한 인류의 재앙을 초래했습니다. 북한의 김일성은 어머니를 기억해서 칠곡교회를 만들었던 사람입니다. 그러나 그는 하나님의 이름을 잃어버렸고, 하나님을 떠났습니다. 그런 사람들은 불신자보다 더 악합니다. 히브리서 6장 4-6절은 그들에 대해 이렇게 말합니다.

한 번 빛을 받고 하늘의 은사를 맛보고 성령에 참여한 바 되고 하나님의 선한 말씀과 내세의 능력을 맛보고도 타락한 자들은 다시 새롭게 하여 회개하게 할 수 없나니 이는 그들이 하나님의 아들을 다시 십자가에 못 박아 드러내 놓고 욕되게 함이라(히 6:4-6).

성령도 체험하고 예수도 믿었던 사람들이 박태선, 문선명과 같은 사람들입니다. 그들도 처음에는 예수 잘 믿고 교회를 잘 다녔습니다. 그러나 그들은 자기가 하나님이라며 이단의 교주가 되고 말았습니다. 너무나 불행한 사람들입니다. 우리 중 누구도 이단에 빠지지 않기를 바랍니다. 이단에 빠지면 돌아오기 어렵습니다. 가끔 돌아오는 경우가 있기는 하지만 대부분은 돌아오지 못합니다. 돌아왔다고 해도 영적인 상처가 너무나 깊기 때문에 어려움을 겪습니다. 가인의 후손의 모습입니다.

> 아내와 동침하매 그가 임신하여 에녹을 낳은지라 가인이 성을 쌓고 그의 아들의 이름으로 성을 이름하여 에녹이라 하니라(창 4:17).

여호와 앞을 떠나서 에덴의 동쪽 놋 땅에 거주한 가인은 아내와 동침해 아이를 낳았습니다. 그 아들의 이름이 '에녹'입니다.

하나님은 절대 포기하시지 않고 다시 시작하신다

가인이 놋 땅으로 옮겨 간 후 가장 먼저 한 일은 바로 아들의 이름으로 성을 쌓은 것이었습니다. 가인이 쌓은 성은 무엇을 의미할까요? 에덴을 잃어버린 인간은 에덴의 대용품을 찾습니다. 하나님을 잃어버린 사람은 하나님 대용품으로 돈이나 권력을 찾습니다. 가인은 에덴동산을 회복할 수 없었기 때문에 비슷한 것을 만들었는데, 그것이 바로 성이었습니다. 가인은 성을 쌓고 나면 행복할 것이라고 생각했습니다.

이렇듯 인간은 성을 쌓는 존재입니다. 성을 쌓는 이유는 하나님의 보호가 없기 때문입니다. 사람들은 자신과 가족들을 적과 원수로부터 보호해야 했습니다. 이렇게 성을 쌓는 일이 창세기 11장으로 가면 바벨탑으로 발전했습니다. 바벨탑을 쌓은 인간은 국경을 만들었습니다. 국경이 생기면 국경 분쟁이 생깁니다. 이런 분쟁의 상황은 끝이 나지 않습니다. 이것이 인간의 역사요, 삶입니다. 하나님을 잃어버린 인간은 성을 쌓게 되고, 성을 쌓는 인간은 네 것과 내 것을 구분하게 됩니다. 여기에서 전쟁과 싸움이 생깁니다.

가인은 행복을 위해 성을 쌓았지만 그 성은 전쟁과 불행이라는 결과를 가져왔습니다. 우리는 성을 쌓습니다. 아니면 담을 높이 쌓고 그 위에 깨진 유리 조각을 꽂아 놓습니다. 또는 감옥과 같이 철조망을 둘러놓기도 합니다. 어떤 집은 깡통에 돌을 넣어서 누군가 건드리면 흔들리도록 매달아 놓기도 합니다. 그러고선 그 안에서 행복을 누리려 합니다. 이것이 인간입니다.

인간은 돌로 성을 쌓고, 철로 철창을 만들었습니다. 이러한 인간의 결과는 '철창에 갇힌 신세'입니다. 성을 쌓은 인간은 성 안에 갇혀 외롭고 고독하게 죽음을 기다리는 존재가 됩니다. 이것이 가인의 생애였습니다. 우리는 성을 쌓지 않고 하나님을 신뢰하기 바랍니다. 하나님의 이름을 부르며 동행하십시오.

> 에녹이 이랏을 낳고 이랏은 므후야엘을 낳고 므후야엘은 므드사엘
> 을 낳고 므드사엘은 라멕을 낳았더라(창 4:18).

성경은 많은 인물 중에 중요한 인물만 설명합니다. 가인 다음으로 중요한 인물은 라멕입니다. 가인에서 라멕까지 5대가 흘렀습니다. 많은 세월이 흘렀다는 뜻입니다. 라멕은 보통 사람과 달리 탁월한 업적을 남겼기에 기록이 있는 것 같습니다. 19절은 "라멕이 두 아내를 맞이하였으니 하나의 이름은 아다요 하나의 이름은 씰라였더라"라고 말합니다. 처음으로 일부다처제가 시작되었습니다. 죄의 결과는 일부다처입니다. 남편 한 사람, 아내 한 사람으로 만족하기를 바랍니다. 일부다처제는 많은 불행을 가져옵니다.

> 아다는 야발을 낳았으니 그는 장막에 거주하며 가축을 치는 자의
> 조상이 되었고 그의 아우의 이름은 유발이니 그는 수금과 퉁소를
> 잡는 모든 자의 조상이 되었으며(창 4:20-21).

라멕은 첫 번째 아내에게서 큰아들 야발을 얻었는데 그는 유목민의 조상이 되었고, 둘째 아들은 유발인데 퉁소와 수금을 쳤다고 하니 예술인의 조상이 아닌가 생각됩니다.

씰라는 두발가인을 낳았으니 그는 구리와 쇠로 여러 가지 기구를 만드는 자요 두발가인의 누이는 나아마였더라(창 4:22).

라멕이 두 번째 부인에게서 난 아들이 구리와 쇠로 여러 가지 기구를 만들었다는 것으로 보아 청동기 문화가 이미 그때 시작되었음을 알 수 있습니다. 성경은 두발가인의 누이가 나아마였다고 소개하고 있습니다. 많은 여자 중에 그녀를 소개한 이유는 그녀의 미모가 뛰어나 유명했기 때문이 아닌가 합니다. 이처럼 라멕은 뛰어난 사람이었고, 그의 자녀들은 모두 성공했고 훌륭한 자리를 차지하고 있었다는 사실을 알 수 있습니다.

그러나 라멕의 실존을 한번 보십시오. 이어지는 23-24절에는 창세기에서 처음으로 지어진 시가 기록되어 있는데, 그 내용을 통해 라멕에 대해 보다 자세히 알 수 있습니다.

라멕이 아내들에게 이르되 아다와 씰라여 내 목소리를 들으라 라멕의 아내들이여 내 말을 들으라 나의 상처로 말미암아 내가 사람을 죽였고 나의 상함으로 말미암아 소년을 죽였도다 가인을 위하여는 벌이 칠 배일진대 라멕을 위하여는 벌이 칠십칠 배이리로다 하였더라(창 4:23-24).

라멕의 진술한 고백의 주제는 "살인"입니다. 가인은 아벨 한 사람을 죽였지만, 5대가 흐른 뒤 라멕은 그의 상처로 말미암아 사람을 죽였고, 그의 상함으로 인해 심지어 소년까지 죽였다고 했습니다. "살인"은 인간 내면의 주제가입니다. 사람의 깊은 마음속에는 살인 의식과 자살 동기가 있습니다. 자기를 죽이면 자살이고, 다른 사람을 죽이면 살인입니다. 살인은 도발적이지 않습니다. 인간의 본능 깊은 곳에는 살인과 미움과 시기와 질투와 간음이 있습니다. 많은 사람이 살인과 미움과 시기와 질투와 간음 문제로 고민하고 있습니다. 이것이 바로 인간의 마음속 깊은 곳에 뿌리내려 있는 감정입니다. 성경 최초의 시에서 라멕이 노래한 것은 살인이었습니다.

24절에서 라멕은 "가인을 위하여는 벌이 칠 배일진대 라멕을 위하여는 벌이 칠십칠 배이리로다"라고 냉소적으로 표현했지만, 이를 통해 죄에 대한 벌이 커졌다는 사실을 발견할 수 있습니다. 가인으로부터 5대가 흐른 후에 이런 사건이 벌어진 것입니다.

라멕과 그의 아내들과 자식들의 이야기 속에서 발견할 수 있는 한 가지 특징이 있습니다. '하나님이 없다'는 것입니다. 가인은 잘못된 제사라도 드린 것을 보면 하나님과 함께 있었습니다. 그런데 라멕 시대에는 하나님의 이름을 전혀 찾아볼 수 없고, 하나님 없이 살인하는 인간의 모습만 보입니다.

오늘날 전 세계에 하나님을 까맣게 잊고 사는 사람이 얼마나 많습니까? 미국은 청교도가 세운 나라이지만, 지금은 많은 사람이 하나님을 잊었습니다. 예전에 미국 학교에서는 기도하고, 십계명을 가르치기도 했습니다. 그러나 오늘날에는 학교 벽에 십계명을 붙였다가는 싸움이 납니다. '게이'나 '포르노' 같은 말은 얼마든지 할 수 있지만 '성경'이나 '기도'라는 말은 할 수 없습니다. 사람들이 점점 하나님을 떠나고 있습니다. 세상은 사람들이 하나님의 이름을 부르거나 성경을 읽지 못하게 합니다.

하나님을 잃어버리면 무서운 세계가 옵니다. 가인 다음 라멕이 왔고, 라멕 다음 노아 홍수 사건이 옵니다. 하나님을 떠난 사람들은 살인과 전쟁으로 이 세상을 하나님이 심판하시지 않을 수 없는 저주스러운 세계로 만들었습니다. 이것이 가인의 세계입니다.

그런데 25절에서 다시 아담의 이야기가 등장합니다.

> 아담이 다시 자기 아내와 동침하매 그가 아들을 낳아 그의 이름을 셋이라 하였으니 이는 하나님이 내게 가인이 죽인 아벨 대신에 다른 씨를 주셨다 함이며(창 4:25).

인류는 가인의 후손만이 전부가 아닙니다. 하나님은 의로운 아벨의 후손을 포기하시지 않았습니다. 하나님은 가인부터 시작하시지 않고, 아담으로부터 다시 시작하셨습니다. 아담이 아내와 동침해 아들을 낳았습니다. 그의 이름은 '셋'입니다. 성경은 셋이 아벨을 대신했다고 말합니다. 하나님은 포기하시지 않습니다. 아벨은 죽었지만, 죽지 않았습니다.

사람이 죽으면 육은 썩어 없어집니다. 하지만 사람은 영적인 존재이기 때문에 영은 영원한 천국으로 가든지, 아니면 영원한 지옥으로 갑니다. 절대로 사람은 죽어 없어지지 않습니다. 우리가 영원한 천국으로 가게 되기를 간절히 바랍니다. 하나님의 이름을 부르는 자는 하나님의 자녀입니다. 예수를 잘 믿든지, 못 믿든지 그것은 다음 일이고, 하나님의 이름을 부르는 것 자체가 복된 일입니다.

하나님은 아벨 대신에 셋을 주셨습니다. 그리고 하나님은 셋을 통해 새로운 역사를 시작하셨습니다.

셋도 아들을 낳고 그의 이름을 에노스라 하였으며 그때에 사람들이 비로소 여호와의 이름을 불렀더라(창 4:26).

에노스 때에 사람들이 여호와의 이름을 불렀습니다. 가인의 후손은 여호와의 이름을 부르지 못하고 하나님을 떠나 에덴에서 동쪽으로 멀리 갔지만, 하나님의 사람은 에덴으로 돌아옵니다. 그리고 여호와의 이름을 부릅니다.

우리가 여호와의 이름을 부르는 사람이기를 바랍니다. 우리 자녀의 입술에도 여호와의 이름이 있기를 원합니다. 우리 민족이, 교회가, 가정이 여호와의 이름을 부를 수 있기를 간절히 기도합니다. "여호와의 이름을 불렀더라." 우리는 가인의 후손이 아니라 아벨의 후손에 속한 줄 믿습니다.

4

주여,
제 이름도 기억해 주옵소서

창세기 5:1-32

"인간의 본질이란 무엇인가?"라는 질문에 대한 답변

가인은 살인을 했습니다. 가인의 후손은 살인자의 후손이 되었습니다. 그리고 살인을 한 가인은 하나님을 떠나 에덴의 동쪽으로 갔습니다. 에덴으로부터 점점 더 멀리 떠나갔습니다. 여기서 우리는 하나님께로 돌아가야 함에도 불구하고 그렇지 못한 가인의 모습을 볼 수 있습니다.

반면, 아벨은 순교자였습니다. 아벨의 후손은 순교자의 후손입니다. 하나님은 아벨이 죽고 난 후에 아벨 대신 셋을 주셨습니다. 그리고 셋의 아들인 에노스 때에 사람들이 여호와의 이름을 다시 불렀습니다. 이것은 놀라운 일입니다. 우리가 세상으로 가지 않고 하나님을 기억해 하나님의 이름을 부르면서 예배의 자리에 나오는 이유는 복된 아벨의 자녀이기 때문입니다. 만일 우리가 가인의 자녀라면 하나님을 점점 멀리해 교회를 떠날지도 모릅니다.

가인과 아벨 이후에 펼쳐진 역사가 창세기 5장에 나옵니다. 창세기 5장은 아담부터 노아까지 10대에 걸친 역사를 말해 주고 있습니다. 10대의 역사는 1,000년의 세월이 흐른 긴 역사였습니다. 그동안 수많은 사람이 태어났지만 창세기 5장은 10명 정도의 사람들만을 선택해서 우리에게 전해 줍니다.

이것은 아담의 계보를 적은 책이니라 하나님이 사람을 창조하실 때에 하나님의 모양대로 지으시되 남자와 여자를 창조하셨고 그들이 창조되던 날에 하나님이 그들에게 복을 주시고 그들의 이름을 사람이라 일컬으셨더라(창 5:1-2).

이 말씀은 아담이 타락하기 전의 인간 존재를 3가지로 이야기하고 있습니다. 인생의 최대 질문은 "인간의 본질이란 무엇인가?"인데, 이에 대한 설명이 될 수 있습니다.

타락하기 전 인간은 첫째, 하나님의 형상대로 지으심을 받은 존재였습니다. 즉 인간은 동물이 아니라는 뜻입니다. 동물은 그저 생명체일 뿐입니다. 인간만이 하나님의 형상대로, 하나님의 모양대로 지으심을 받은 존재입니다. 이 말은 하나님의 영이 우리 안에 들어와 계신다는 말입니다.

그러나 타락한 후에 인간은 동물처럼 변했습니다. 그리고 인간의 고민은 하나님의 형상이 자기 안에 없기 때문에 스스로 자신이 인간인지, 동물인지 분간하지 못하는 데 있습니다. 사람들은 짐승처럼 생활하다가도 자신이 짐승이 아니라는 사실 앞에서 깜짝 놀랍니다. 자신이 누구인지 잘 모르기 때문입니다. 우리는 하나님의 형상대로 지으심을 받은 존재임을 기억하십시오. 인간은 하나님과 교제하며, 하나님의 이름을 부르며, 하나님의 모양과 형상대로 살도록 지으심을 받은 복된 존재입니다.

둘째, 타락하기 전 인간은 하나님의 형상대로 지으심을 받되 남자와 여자로 창조된 존재였습니다. 사람은 남자와 여자로 지어졌습니다. 이 말은 남자끼리 살아서도, 여자끼리 살아서도 안 된다는 뜻입니다. 과거에는 이것이 큰 문제가 되지 않았지만 지금은 남자끼리, 여자끼리 결혼하려고 합니다. 이와 같은 죄의 문화가 인간의 문화가 되었습니다. 이런 현상은 비교적 지적 수준이 높은 사람들에게서 많이 나타납니다.

셋째, 인간은 복을 받은 존재였습니다. 인간의 운명과 본성은 저주가 아닙니다. 인간은 귀한 존재였습니다. 그러나 죄를 지은 후에 인간에게는 죽음과 질병과 미움과 전쟁과 싸움이 왔습니다. 그 결과 인간은 인간답게 살지 못하게 되었고, 사는 것이 고통스러운 존재로 타락해 버리고 만 것입니다. 그러나 기억하십시오. 사람은 행복을 위해 창조되었고, 하나님의 영광을 위해 만들어진 존재입니다. 예수 그리스도 안에서 이 모든 것이 회복될 것입니다.

내 이름이 적힌 곳은 가인의 계보인가, 아벨의 계보인가?

아담은 죄를 짓고 난 후에 세상으로 쫓겨났습니다. 그 후 아담의 족보를 살펴보십시오.

아담은 백삼십 세에 자기의 모양 곧 자기의 형상과 같은 아들을 낳아 이름을 셋이라 하였고 아담은 셋을 낳은 후 팔백 년을 지내며 자녀들을 낳았으며 그는 구백삼십 세를 살고 죽었더라(창 5:3-5).

아담은 130세에 셋째 아들인 셋을 낳았는데, '자기의 모양'과 같은 아들을 낳았다고 성경은 말합니다. 인간은 하나님의 형상대로 지으심을 받은 존재입니다. 만일 아담이 죄를 짓지 않고 자녀를 낳았다면, 그 자녀들은 하나님의 모양과 형상대로 태어났을 것입니다. 그러나 아담이 죄를 짓자 자녀들은 하나님의 모양과 형상이 아닌, 사람의 모양과 죄인의 형상으로 태어났습니다. 이로 말미암아 전 인류가 죄 가운데 태어나게 된 무서운 결과를 우리는 볼 수 있습니다.

사람의 형상과 하나님의 형상은 다릅니다. 우리도 우리와 닮은 죄인의 자녀를 낳을 수밖에 없습니다. 부모가 자녀들에게 거짓과 살인과 미움을 가르치지 않아도 아이들은 자라면서 본능적으로 질투하고, 미워하고, 이기적인 모습을 갖습니다. 왜냐하면 모든 인간은 죄인의 모습으로 태어나기 때문입니다. 비유로 설명하자면, 컴퓨터가 성능이 좋으면 문서 작성, 게임 등 하고 싶은 모든 일을 할 수 있지만, 고장이 나면 고철 덩어리 이상 아무것도 아닌 것과 같습니다. 하나님이 창조하신 인간은 훌륭한 존재입니다. 인간은 타락했어도 겉모양은 그대로 있습니다. 그러나 타락한 인간은 하나님의 형상은 파괴되고 사람의 형상만 남아 있는 존재입니다.

또 이 말씀에서 발견할 수 있는 사실은 아담이 130세에 셋을 낳고 800년을 더 살았다는 것입니다. 결국 그는 930년, 거의 1,000년에 가까운 세월을 살았습니다. 사실 이것은 보통 사건이 아닙니다. 10대에 걸쳐 설명된 이 족보에 속한 모든 사람이 함께 살았다고 볼 수 있습니다. 이들이 아담의 후손입니다.

그런데 더 놀라운 사실은 가인의 후손에 관한 족보는 없다는 것입니다. 가인의 후손이 없어서가 아니라, 그들은 모두 노아 때의 홍수 심판으로 죽었기 때문입니다. 성경은 순교자 아벨의 후손만 골라서 족보에 기록했습니다. 우리는 여기서 복의 계열이 있고 저주의 계열이 있다는 사실을 발견합니다. 여호와의 이름을 부르고, 여호와를 기억하고, 하나님께 돌아오려고 하는 사람들은 순교자 아벨의 후손에 속한 사람들입니다. 그러나 하나님을 잊고, 에덴동산을 등지고, 세상에서 마음대로 죄짓고 살다가 심판을 받은 사람들은 가인의 후손입니다.

아담의 계보에서 발견하는 또 한 가지 사실은 아담이 930세를 살았다고 할지라도 결국 죽었다는 것입니다. 100년을 살다가 죽으나 1,000년을 살다 죽으나 모두 동일합니다. 죄를 지은 인간은 반드시 죽게 되어 있습니다.

더 중요한 것은 아담이 가인의 족보에 있지 않고 셋의 족보에 있다는 것입니다. 이는 아담이 저지른 실수를 둘째 아담이신 예수 그리스도가 회복하신다는 의미입니다. 만일 아담의 족보가 가인의 족보에 있다면 아담도 결국 멸망하는 자였겠지만, 그렇지 않았습니다. 고린도전서 15장 45절은 "첫 사람 아담은 생령이 되었다 함과 같이 마지막 아담은 살려 주는 영이 되었나니"라고 말합니다.

아담은 죄를 짓고 메시아를 기다리는 첫 번째 사람이었습니다. 그는 930년을 살면서 끊임없이 메시아를 기다렸습니다. 죄를 지었고 실수했지만, 계속해서 하나님의 이름을 부르고 에덴동산으로 돌아오려고 구원을 갈망하는 사람들에게는 하나님의 영광이 있다는 놀라운 진리를 여기서 발견하게 됩니다.

> 셋은 백오 세에 에노스를 낳았고 에노스를 낳은 후 팔백칠 년을 지내며 자녀들을 낳았으며 그는 구백십이 세를 살고 죽었더라(창 5:6-8).

6절을 보면, "가인은"으로 시작하지 않고 "셋은"이라고 기록되어 있습니다. 비록 우리는 죄 중에서 사람의 모양과 형상을 입고 태어났지만, 하나님의 은혜 가운데 구원의 복이 우리에게 있다는 사실을 인해 감사드려야 할 것입니다. 예수 그리스도의 이름을 부를 뿐만 아니라 예수를 모르는 자들에게 가서 예수를 전파하려는 영적인 욕구와 은혜가 우리에게 있는 것은 정말 놀라운 사건입니다.

이런 의미에서 예수 믿는 가정에서 태어난 것은 복된 일입니다. 어떤 사람은 예수 믿는 가정에서 태어났음에도 복인 줄 모릅니다. 저의 어머니는 예수 믿는 할머니 덕분에 어려서부터 예수를 믿었고, 아버지는 당대에 믿었습니다. 아버지는 어머니 때문에 구원받은 것입니다. 저는 예수를 알기도 전에 교회에 다녔고, 말을 하기도 전에 가정 예배를 드렸습니다. 생각해 보면 이것이 가장 큰 복입니다.

우리가 예수 믿을 수 있는 나라에서 태어난 것도 큰 복입니다. 북한의 경우, 사람들이 설교를 듣고 싶어도 설교할 목사가 없고, 교회에 가고 싶어도 교회가 없습니다. 그들은 태어나면서부터 하나님이나 성경에 대해 모르고 살아가는 것입니다.

언젠가 터키에 갔을 때 한 선교사님이 인구가 60만 명인 그곳에 예수 믿는 사람이 2명밖에 없다는 말을 들려주었습니다. 만일 우리가 이슬람권이나 불교권에서 태어났다면 예수님을 믿을 수 없었을 것입니다. 그러므로 우리가 예수 믿을 수 있는 환경과 나라에서 태어난 것은 복 중에 가장 큰 복입니다. 하나님은 우리를 택하시고 구원하셨습니다.

성경에서 아담의 계보는 가인의 계보로 이어진 것이 아니라 아벨 대신에 태어난 셋의 계보로 이어집니다. 이렇게 하나님의 구원 역사는 시작되었습니다.

창세기 5장에 소중한 이름을 남긴 에녹처럼, 노아처럼

아벨의 계보에서 특별히 두 사람에 대해 나눠 보고 싶습니다. 에녹과 노아입니다.

먼저, 에녹은 성경 인물 중에서 가장 큰 복을 받은 사람 중에 한 명입니다.

> 에녹은 육십오 세에 므두셀라를 낳았고 므두셀라를 낳은 후 삼백 년을 하나님과 동행하며 자녀들을 낳았으며 그는 삼백육십오 세를 살았더라 에녹이 하나님과 동행하더니 하나님이 그를 데려가시므로 세상에 있지 아니하였더라(창 5:21-24).

에녹은 죽음을 보지 않고 365세에 천국으로 갔습니다. 죄인으로 태어난 사람 중에서 죽음을 맛보지 않고 하나님과 동행하다가 천국으로 간 최초의 사람입니다. 이 사실이 중요한 이유는 죄인은 모두 죽게 되어 있는데, 에녹은 죽지 않았기 때문입니다. 에덴동산에서는 하나님과 동행할 수 있었지만, 쫓겨난 후에는 하나님과 동행할 수 없었습니다. 그런데 에녹만은 하나님과 동행했습니다.

더욱 놀라운 사실은 히브리서나 창세기를 보면 에녹이 훌륭한 사람이라는 언급이 전혀 없다는 것입니다. 영웅이었다든지, 가인처럼 성을 쌓았다든지, 무슨 큰일을 했다는 기록이 없습니다. 에녹에 대한 설명은 오직 "300년 동안 하나님과 동행했다"는 기록뿐입니다. 에녹은 극히 평범한 사람이었습니다. 믿음이란 뛰어난 업적을 쌓는 것이 아닙니다. 세상에서는 권력을 가졌거나, 돈이 많거나, 유명한 사람이 훌륭하다고 생각합니다. 우리는 에녹을 보면서 유명하지 않아도 하나님과 동행하면 하나님 나라로 직접 갈 수 있다는 큰 위로를 얻을 수 있습니다. 히브리서 11장 5절에는 에녹에 대한 평가가 기록되어 있습니다.

> 믿음으로 에녹은 죽음을 보지 않고 옮겨졌으니 하나님이 그를 옮기심으로 다시 보이지 아니하였느니라 그는 옮겨지기 전에 하나님을 기쁘시게 하는 자라 하는 증거를 받았느니라(히 11:5).

에녹의 특징은 큰일을 한 것이 아니라, 하나님을 기쁘시게 한 사람이라는 데 있습니다. 우리는 큰일을 하는 사람이기보다는 하나님을 기쁘시게 하는 사람이 되기를 바랍니다. 믿음의 사람이란 하나님을 기쁘시게 하는 사람입니다. 성경은 믿음이 없이는 하나님을 기쁘시게 할 수 없다고 말합니다(히 11:6).

300년 동안 하나님과 동행했다는 말은 그만큼 변함이 없었다는 뜻입니다. 눈이 오나 비가 오나, 처음이나 끝이나 언제나 동일했다는 것입니다. 22절을 보면 에녹이 므두셀라를 낳은 후 300년을 하나님과 동행하면서 자녀들을 낳았다고 기록하고 있습니다. 저는 성경을 읽다가 '자녀들을 낳았다'는 말씀에 눈이 번쩍 뜨였습니다. 자녀들을 키우면서 하나님과 동행했다는 말입니다.

대부분의 사람들은 봉사를 권하면 "아이들 다 키워 놓은 후에 하겠다"고 말합니다. 혹은 "은퇴한 다음에 하겠다"고 합니다. 그러나 하나님을 섬기는 일은 은퇴한 다음이나 아이들을 모두 키워놓은 다음에 하는 것이 아니라 지금 해야 합니다. 병든 몸이거나 가진 것이 아무것도 없어도 하나님과 동행하기만 하면 됩니다.

초등학생 때 다음과 같은 에녹에 대한 동화 한 편을 들었습니다. 하나님은 해가 뜨면 에녹의 집에 와서 "에녹아, 내가 왔다. 나가자" 하며 문을 두드리셨습니다. 에녹은 반갑게 나가 하나님의 손을 잡고 산으로 들로 다녔습니다. 그리고 해가 지면 하나님이 에녹을 집에 데려다 주시곤 했습니다. 그것이 300년 동안 계속되었습니다. 그러던 어느 날씨가 정말 좋은 날, 에녹과 하나님이 함께 가다가 너무 멀리 가서 해가 져도 집으로 돌아갈 수가 없게 되었습니다. 그때 하나님이 "에녹아, 그냥 우리 집으로 가자" 하셔서 에녹이 하나님 나라로 갔다는 이야기입니다.

그렇게 어린아이같이 하나님과 동행하며 살 수 있다면 얼마나 좋겠습니까? 우리는 모두 하나님을 위해서 큰일을 하려다가 병이 들었습니다. 인간이 애를 써 봐야 얼마나 큰일을 할 수 있겠습니까? 우리는 그저 하나님과 함께 살기만 하면 됩니다.

에녹에게서 발견하는 또 한 가지 복은 그의 아들 므두셀라에게서 볼 수 있습니다. 하나님은 므두셀라에게 969세까지 장수하는 복을 주셨습니다. 이런 복이 우리 자녀에게도 있기를 바랍니다.

아벨의 계보에서 살펴보고 싶은 두 번째 인물은 노아입니다.

라멕은 백팔십이 세에 아들을 낳고 이름을 노아라 하여 이르되 여호와께서 땅을 저주하시므로 수고롭게 일하는 우리를 이 아들이 안위하리라 하였더라(창 5:28-29).

노아는 가장 어둡고 절망적인 시대에 태어났습니다. 하나님이 물로 심판하시지 않으면 안 될 만큼 타락한 시대였습니다. 하나님은 자신이 만든 온 인류를 물로 멸해 버리겠다고 결정하셨습니다. 그러나 모두 없앨 수는 없었습니다. 왜냐하면 순교자인 아벨의 후손이 있었기 때문입니다. 하나님은 아벨의 후손을 통해 인간을 구원하기 원하셨습니다. 그래서 노아로 하여금 방주를 짓게 하셨습니다. 심판 중에서 하나님이 아벨의 계보를 구원하실 수 있도록 사용된 사람이 바로 노아였습니다.

세상은 갈수록 악해질 것입니다. 내년이 되면 세상은 더욱 악해질 것입니다. 10년 후에나 100년 후에는 더더욱 악해질 것입니다. 생각하지 못한 악들이 계속 나올 것입니다. 그 끝은 불 심판입니다. 그러나 하나님이 심판 중에 노아를 보내셔서 하나님의 백성을 구원하셨던 것처럼, 미래에 심판이 또다시 임할 때 하나님이 바알에게 무릎 꿇지 않은 남은 자들을 통해, 하나님의 백성을 통해, 하나님의 교회를 통해 죄인들을 구원하실 것입니다.

창세기 6장 9절을 보면, 노아에 대한 설명이 3가지로 요약됩니다. 즉 노아는 '의인'이며, '당대에 완전한 자'이며, '하나님과 동행하는 사람'이었다는 것입니다. 노아는 하나님께 순종함으로 심판 중에 자기 가족들을 구원했으며, 하나님의 구원 역사를 이루는 사람이 되었습니다. 우리에게도 하나님을 향한 믿음과 순종이 있기를 바랍니다. 위대한 믿음의 역사가 우리의 삶 가운데 이루어지기를 간절히 원합니다.

믿음이란 뛰어난 업적을 쌓는 것이 아닙니다. 세상에서는 권력을 가졌거나, 돈이 많거나, 유명한 사람이 훌륭하다고 생각합니다. 우리는 에녹을 보면서 유명하지 않아도 하나님과 동행하면 하나님 나라로 직접 갈 수 있다는 큰 위로를 얻을 수 있습니다.

2부

대홍수의 심판

창세기 6:1- 8:22

대홍수의 심판을 바라보지 말고 예수님을 바라보기 바랍니다.
우리의 초점은 예수 그리스도께 있어야 합니다.
예수 그리스도를 바라볼 때 예배가 있고, 죄 사함이 있고,
하나님의 놀라운 복이 임하고, 회복이 일어납니다.

5

심판을 막는 자
되게 하소서

창세기 6:1-8

죄악이 무섭게 온 세상을 덮고 있을 때

우리나라는 여름이면 집중 호우를 경험합니다. 특히 1998년 여름에는 약 보름 동안 게릴라성 폭우를 경험했습니다. 이 비는 하루전에 갑자기 나타나서 비를 뿌리고 사라지기 때문에 기상청에서도 전혀 예측할 수 없는 이상 현상이었습니다. 보름 간의 집중 호우에 10만 명의 이재민이 발생했고, 많은 사람이 생명을 잃었으며, 가옥이 침수되었습니다.

그러면서 노아 시대의 홍수를 생각하게 됩니다. 40주야 동안 쉬지 않고 비가 내려서 지구를 다 덮었습니다. 사실 비가 내린 것이 아니라 쏟아진 것입니다. 하늘에서 물이 쏟아졌고, 땅에서 지하수가 쏟아져 나온 엄청난 사건이었습니다. 그것은 인류의 총체적 심판이었습니다. 이 심판은 인류의 마지막 심판인 불 심판에 대한 예고이기도 합니다.

심판과 저주는 타락과 부패 때문에 임합니다. 타락이 극에 이르면 심판이 임합니다. 세상의 모든 것은 썩지만 죄는 썩지 않고, 모든 사건은 시간이 지나면 잊히지만 죄는 그대로 있습니다. 오히려 죄는 번성합니다. 처음에는 작은 죄였지만 마치 암처럼 순식간에 퍼져 갑니다.

가인은 죄를 지은 후에 하나님을 떠나 에덴의 동쪽으로 갔습니다. 죄를 지었어도 하나님께로 돌아오기 위해 노력해야 하는데, 가인은 점점 더 멀리 떠났습니다. 그 후 라멕의 시대에는 완전히 하나님을 잊어버리고 살았습니다. 오늘 우리가 살고 있는 시대입니다.

우리는 주일을 기억하고, 하나님의 이름을 부르고, 예배하기 위해 교회에 나옵니다. 그러나 세상 사람들은 하나님을 까맣게 잊어버리고 우상 숭배와 물질문명에 빠져 자신이 하나님이 되어 살아가고 있습니다. 우리는 그들을 가리켜 '가인의 후손'이라고 합니다.

그릇에 물이 가득 차면 넘칩니다. 죄를 지으면 없어지지 않고 쌓입니다. 죄를 지었어도 아무 일이 생기지 않을 때가 있습니다. 그러나 사실 그것은 아무 일도 없는 것이 아니라 죄가 쌓이고 있는 것입니다. 그러다가 어느 시점이 되면 하나님의 진노가 임합니다.

노아 시대에 하나님은 물로 세상을 심판하셨습니다. 사실 물은 좋은 것입니다. 하나님이 창조의 첫째 날 빛을 주신 후에 바로 둘째 날 주신 것이 물입니다. 이 은하계에는 수많은 별이 있지만 생명이 있는 별은 지구뿐입니다. 그리고 생명이 있는 곳에는 반드시 물이 있습니다.

최초에 이 지구에는 지구를 덮을 만한 물이 있었습니다. 대기권 위에 물층과 오존층이 있어서 지구를 보호하고 있었습니다. 그러나 지구로 오는 자외선을 막아 주던 물층은 노아 홍수 때 파괴되고 말았습니다. 하나님이 바다와 육지의 경계를 흐트러뜨리심으로 바다와 육지가 섞이고, 하늘 위에 있는 물이 모두 떨어졌습니다. 하나님이 지구에 존재하는 모든 생명체를 쓸어버리신 사건이 바로 노아 시대의 홍수 심판입니다.

심판에는 두 가지가 있습니다. 먼저, 개인적인 심판입니다. 자신이 잘못한 것이 있으면 다른 사람이 아니라 자기 자신이 심판을 받는 것입니다. 또한 개인적인 잘못과 상관없이 역사적으로 인류 전체에 심판이 임하는 경우가 있습니다. 인간 세계에 악이 관영해서 하나님이 심판하실 때는 그 공간에 사는 모든 사람에게 심판이 임합니다. 주님이 심판주로 세상에 오실 때 세상은 불 심판을 받게 될 것입니다.

창세기는 노아 시대에 인류가 심판을 받을 수밖에 없었던 이유를 이렇게 설명합니다.

> 여호와께서 사람의 죄악이 세상에 가득함과 그의 마음으로 생각하는 모든 계획이 항상 악할 뿐임을 보시고 땅 위에 사람 지으셨음을 한탄하사 마음에 근심하시고(창 6:5-6).

죄악이 끝없이 넓고, 깊고, 무섭게 온 세상을 덮고 있었습니다. 인간의 마음을 지배하는 것이 온통 죄악뿐이었습니다. 하나님은 인류를 심판하실 수밖에 없었습니다. 하나님의 마음에는 아픔과 눈물이 있었습니다. 능력의 하나님이 슬퍼하신 이유는 사랑 때문입니다. 사랑이 없다면 그렇게 슬퍼하시지 않았을 것입니다.

힘을 절제하는 것이 온유입니다. 가지고 있는 힘을 모두 사용하는 것은 만용입니다. 힘이 있는 자만이 온유할 수 있고, 실력 있는 자만이 겸손할 수 있습니다. 그러나 하나님이 참고 기다리셔도 사람들이 회개하지 않음으로 말미암아 온 인류는 심판을 받을 수밖에 없는 기막힌 상황에 부딪혔습니다.

파수꾼 사명을 잊은 하나님의 아들들에게

사람이 땅 위에 번성하기 시작할 때에 그들에게서 딸들이 나니 하나님의 아들들이 사람의 딸들의 아름다움을 보고 자기들이 좋아하는 모든 여자를 아내로 삼는지라 여호와께서 이르시되 나의 영이 영원히 사람과 함께하지 아니하리니 이는 그들이 육신이 됨이라 그러나 그들의 날은 백이십 년이 되리라 하시니라(창 6:1-3).

하나님은 하나님의 모양과 형상대로 사람을 만드시고 그들에게 복을 주셨습니다. 그러나 인간이 죄를 지은 후에는 더 이상 하나님의 형상대로 태어나지 않게 되었습니다. 아담은 가인과 셋을 낳았습니다. 가인과 셋은 하나님의 형상대로가 아니라 사람의 형상대로 태어났습니다. 여기서 '사람의 형상대로 태어났다'는 말은 곧 죄인의 모습으로 태어났다는 뜻입니다.

따라서 인간은 세상에 태어나기 전에 이미 죄인입니다. 흑인은 태어나기 전부터 흑인이고, 황인은 태어나기 전부터 황인입니다. 이미 염색체가 각각 검은색이고, 노란색입니다. 마찬가지로 인간은 이미 태어나기 전에 죄의 염색체가 몸 안에 들어 있어서 사람의 형상대로 태어납니다.

2절에서 중요한 두 단어를 발견할 수 있습니다. 바로 '하나님의 아들들'과 '사람의 딸들'입니다. 사람의 딸들은 바로 가인의 후손으로서, 죄인의 모습 그대로 태어난 사람들을 가리킵니다. 그러나 하나님의 아들들은 같은 죄인이지만 하나님께로 돌아오려고 노력하는 사람들을 말합니다. 이 세상에는 하나님으로부터 계속해서 멀리 떠나가는 사람이 있는가 하면, 죄를 지었지만 계속 하나님께로 나오는 사람이 있습니다. 후자를 가리켜 '하나님의 아들', '아벨의 후손', '여인의 후손'이라고 말합니다. 저는 제가 교회에 나오는 것을 보면 기쁘고 신기합니다. 왜냐하면 주일을 기억하며, 하나님의 이름을 부르며, 예배하고 있기 때문입니다.

> 하나님의 아들들이 사람의 딸들의 아름다움을 보고 자기들이 좋아하는 모든 여자를 아내로 삼는지라(창 6:2).

가인의 후손들은 에덴동산을 떠나 동쪽으로 옮겨 가 살면서 바벨탑을 쌓고, 그들의 문화와 악기를 만들었습니다. 철기 문화, 농경 문화, 유목 문화 등을 만들었습니다. 세상의 사람들은 모두 그렇게 살아갑니다. 공학, 의학, 음악 대학 등을 나와서 하나님 없이도 잘 살아갑니다. 그들이 가인의 후손이며, 사람의 딸들의 모습입니다.

그러나 하나님의 아들들은 다릅니다. 그들은 세상에서 죄인의 후손으로 살지만 하나님께로 나와 찬송을 부르고 하나님을 찾습니다. 바로 그리스도인들입니다. 하나님의 아들들의 특징은 하나님을 예배하고, 피의 제사를 드림으로 세상에 임할 모든 진노를 막고 있다는 것입니다.

예레미야 5장 1절에서 하나님은 "만일 정의를 행하며 진리를 구하는 자를 한 사람이라도 찾으면 내가 이 성읍을 용서하리라"라고 말씀하셨습니다. 한 사람의 의인으로 말미암아 하나님의 진노를 막을 수 있는 것입니다.

하나님은 소돔과 고모라를 심판하시기 전에도 의인 10명만 있으면 멸망시키지 않겠다고 말씀하셨습니다. 다시 말하면, 의인 10명이 드리는 고독한 예배와 가난한 삶이 소돔과 고모라의 어두운 죄악을 상쇄하고도 남는다는 것입니다. 이것이 의인의 역할이며, 그리스도인이 할 일입니다. 우리가 드리는 예배가 하나님의 진노를 막고 있는 것입니다.

여호수아와 이스라엘 백성이 가나안 땅으로 들어갈 때 그들은 요단강을 건너야 했습니다. 그때는 마침 요단강에 물이 가장 많을 때였습니다. 이스라엘 백성 중에서 법궤를 멘 제사장들이 가장 먼저 요단강에 발을 들여놓았습니다. 그 순간 요단강 물이 멈춰 섰습니다. 제사장들이 물을 밟고 있는 동안에는 물이 흐르지 않아 이스라엘 백성이 요단강을 무사히 건널 수 있었습니다. 그러나 제사장들이 물에서 발을 떼자마자 물이 다시 흐르기 시작했습니다.

예수 믿는 사람들은 요단강을 멈추게 했던 이스라엘의 제사장들과 같은 존재입니다. 그들이 하나님께 예배드리며 중보기도를 드리는 것은 세차게 흘러넘치는 세상의 죄의 물결과 심판을 막고 있는 것입니다. 우리가 드리는 제사가 이처럼 중요합니다. 이 역할을 우리가 감당하고 있습니다.

하지만 유감스럽게도, 그렇게 하나님께 예배를 드렸던 하나님의 아들들이 사람의 딸들의 아름다움을 보게 되었습니다. 세상은 예배드리는 것보다 더 매력 있고 신나 보이는 것들로 가득 차 있습니다.

결국 하나님의 아들들은 예배드리는 일을 포기하고, 사람의 딸들의 아름다움을 보고 아내로 삼았습니다. 아내를 삼게 되면 아이가 태어납니다. 더러는 사람의 딸들에게 잠깐 유혹을 받을 수 있지만, 아예 아내로 삼는 것은 위험한 일입니다. 예를 들어 설명하면 이렇습니다. 파수꾼이 성 위에서 파수를 봅니다. 그 일은 어찌 보면 아무 일도 아닌 것 같고, 무료하고 따분한 일 같습니다. 그러나 파수를 하고 있기 때문에 원수가 쳐들어올 때 미리 대비할 수 있습니다. 이것이 파수꾼의 사명입니다. 그러나 파수꾼이 며칠이 지나도 아무 일이 발생하지 않으므로 망원경도, 총도 버리고 주막에 가서 술을 마시고 잠을 자면 어떻게 됩니까? 적이 쳐들어올 때 위기를 막을 수가 없습니다.

심판은 이렇게 옵니다. 심판은 죄인 때문에 오는 것이 아니라 하나님의 아들들이 사람의 딸들과 결혼했기 때문에 오는 것입니다. 한 나라가 망하는 이유는 세상의 정치가와 경제가들, 혹은 노동자들이 잘못을 저질렀기 때문이 아니라 교회가 타락했기 때문입니다. 교회가 종교적인 기능을 하지 않고 세상과 더불어 세속적이고 인기를 좋아했기 때문입니다. 교회가 국민들의 양심과 도덕을 끌고 갈 능력을 잃어버렸기 때문에 세상이 키를 잃어버린 배처럼 망망대해를 떠다니는 것입니다.

더 큰 잘못은 목회자들이 설교를 잘 못하는 것입니다. 마땅히 해야 할 설교를 하지 않고 사람들의 마음만 기쁘게 해 주는 좋은 이야기만 선포하기 때문입니다. 죄를 지적하지 않고 지옥이 있다고 경고하지 않기 때문입니다. 그것이 오늘 우리 시대를 위기로 몰고 간 것입니다.

책임은 사람의 딸들에게 있는 것이 아닙니다. 자기 역할을 잊어버리고 사람의 딸들의 아름다움에 빠져서 예배를 포기하고 세상의 방법과 인기대로 살아가는 하나님의 아들들에게 있습니다. 여기에 하나님의 통탄함, 가슴 아픔, 기막힌 눈물이 있습니다.

매를 맞아도 하나님과 함께 있으면 괜찮다

> 여호와께서 이르시되 나의 영이 영원히 사람과 함께하지 아니하리
> 니 이는 그들이 육신이 됨이라 그러나 그들의 날은 백이십 년이 되
> 리라 하시니라(창 6:3).

죄가 관영했습니다. 더 이상 용납할 여지가 없었습니다. 죄로 말
미암아 모든 사물이 다 썩고 부패했습니다. 이제 하나님은 "나의
영이 영원히 사람과 함께하지 아니하리니"라고 말씀하셨습니다.
이것이 바로 심판입니다.

부모는 자녀들이 제멋대로 살아도 그들의 잘못과 허물을 모른
척하고 감싸 줍니다. 이처럼 하나님은 인간의 허물을 감추어 주
시고 은혜와 긍휼을 베풀어 보호해 주십니다. 이것을 가리켜 '하
나님의 은혜와 긍휼'이라고 합니다. 우리가 존재하는 이유는 바로
하나님의 은혜와 긍휼 때문입니다. 그런데 하나님은 "나의 영이
영원히 너와 함께 있지 않겠다"고 말씀하셨습니다. 무서운 말씀입
니다. 매를 맞아도 하나님과 함께 있으면 괜찮습니다. 그런데 하나
님이 이제는 마음대로 하라고 말씀하신 것입니다.

갈라디아서 5장 16-17절은 "너희는 성령을 따라 행하라 그리하면 육체의 욕심을 이루지 아니하리라 육체의 소욕은 성령을 거스르고 성령은 육체를 거스르나니 이 둘이 서로 대적함으로 너희가 원하는 것을 하지 못하게 하려 함이니라"라고 말합니다. 성령과 육체의 소욕은 서로 거스릅니다. 그러므로 내가 죄를 가지고 있는 한 하나님은 나에게 오실 수가 없습니다. 죄를 버리고 회개해야만 하나님이 나와 함께 거하실 수 있는데, 내가 끊임없이 죄를 만들기 때문에 하나님의 신이 나와 항상 함께 있을 수 없는 것입니다. 우리가 육체가 되었기 때문입니다.

"그들의 날은 백이십 년이 되리라"라는 말씀은 120년이 지난 후에 심판이 온다는 의미입니다. 죄를 지을 수 있는 시간이 더 이상 없다는 뜻입니다. 사람은 120년 이상 살 수 없습니다. 죄가 관영하면 심판을 피할 길이 없습니다. 필연적으로 심판이 옵니다. 요즘은 예수 믿는 사람이나 믿지 않는 사람이나 공통적으로 '말세'라고 말합니다. 가히 세기말적인 현상이 보입니다. 전에는 하나님이 물로 심판을 하셨지만 이제는 불로 세상을 심판하실 것입니다.

"나의 영이 영원히 사람과 함께하지 아니하리니"라는 하나님의 말씀을 깊이 느낀 구약의 한 남자가 있었습니다. 바로 다윗입니다. 다윗은 범죄한 이후에 하나님의 심판이 자기에게 임해 주의 성령이 자기에게서 떠나는 것을 느꼈습니다. 그는 시편 51편 9-12절에서 이렇게 기도했습니다.

주의 얼굴을 내 죄에서 돌이키시고 내 모든 죄악을 지워 주소서 하나님이여 내 속에 정한 마음을 창조하시고 내 안에 정직한 영을 새롭게 하소서 나를 주 앞에서 쫓아내지 마시며 주의 성령을 내게서 거두지 마소서 주의 구원의 즐거움을 내게 회복시켜 주시고 자원하는 심령을 주사 나를 붙드소서(시 51:9-12).

우리 가정에서 성령이 떠나시지 않기를 바랍니다. 과거에 성령을 받고 하나님을 위해서 일했다 할지라도 지금 성령이 떠나 버리신다면 우리는 허수아비일 뿐입니다. 교회가 아무리 부흥하고 유명해진다고 할지라도 성령이 떠나 버리신 교회는 아무것도 아닙니다.

마태복음 24장 38-39절은 노아 홍수에 대해서 이렇게 기록하고 있습니다.

홍수 전에 노아가 방주에 들어가던 날까지 사람들이 먹고 마시고 장가들고 시집가고 있으면서 홍수가 나서 그들을 다 멸하기까지 깨닫지 못하였으니 인자의 임함도 이와 같으리라(마 24:38-39).

심판이 오기까지 우리는 잘 깨닫지 못합니다. 1997년 IMF 위기가 온 날도 우리는 전혀 모르고 있었습니다. 사람들은 심판이 얼마나 큰 사건인지 알지 못하고 방자합니다. 그러나 심판이나 지옥에 가는 것은 간단히 생각할 문제가 아닙니다. 무서운 일입니다. 지옥에 가면 죽지도 않고 영원히 살게 됩니다. 죽고 싶어도 죽음이 피해 갑니다. 그러므로 구원의 문제는 참으로 심각한 문제입니다.

그런데도 사람들은 예수 믿고 구원받는 일을 적당하게 생각합니다. 교회에 오는 것을 극장 오는 것 정도로 생각하고, 헌금하는 것도 연극 관람료를 내는 정도로 여깁니다. 죄를 짓는 이유도 심판을 심각하게 생각하지 않기 때문입니다.

> 당시에 땅에는 네피림이 있었고 그 후에도 하나님의 아들들이 사람의 딸들에게로 들어와 자식을 낳았으니 그들은 용사라 고대에 명성이 있는 사람들이었더라(창 6:4).

하나님의 아들들이 사람의 딸들에게로 들어와 자식을 낳았습니다. 그들은 고대 사회에서 유명한 영웅들이었다고 합니다. 또한 그들을 가리켜 '네피림'이라고도 말합니다. 이 말은 그들이 수많은 전쟁을 겪고, 사람들을 죽이고 이긴 용사들이었다는 뜻입니다. 하나님의 아들들이 사람의 딸들과 결혼해서 유명한 사람들이 태어났다면 얼마나 많은 사람이 죽었을지 생각해 보아야 할 것입니다. 지금 우리가 살고 있는 세상도 당시와 마찬가지로 죽음과 전쟁과 폭력과 공포와 말할 수 없는 고문과 굶주림과 끊임없는 전쟁이 계속되는 땅입니다.

하나님은 사람의 죄악이 관영한 세상을 쓸어버리기로 작정하셨습니다.

> 여호와께서 사람의 죄악이 세상에 가득함과 그의 마음으로 생각하는 모든 계획이 항상 악할 뿐임을 보시고 땅 위에 사람 지으셨음을 한탄하사 마음에 근심하시고 이르시되 내가 창조한 사람을 내가 지면에서 쓸어버리되 사람으로부터 가축과 기는 것과 공중의 새까지 그리하리니 이는 내가 그것들을 지었음을 한탄함이니라 하시니라 (창 6:5-7).

하나님은 능력이 없어서가 아니라 사랑하시기 때문에 자신이 지은 모든 것을 멸하셔야 했습니다. 모든 동물과 식물과 이 지구상에 호흡하는 모든 것을 죽이셔야만 했던 하나님의 안타까운 심정이 여기에 있습니다. 이렇게 하시지 않으면 구원하실 수 없기 때문이었습니다. 하나님은 모두 쓸어버리고 한 사람만 살리셔야 했습니다.

> 그러나 노아는 여호와께 은혜를 입었더라(창 6:8).

하나님은 노아 한 사람을 살려 두셨습니다. 노아와 그 가족들로부터 다시 시작하기로 결심하신 것입니다. 여기에서 메시아, 여인의 후손이 나왔습니다. 하나님이 온 인류를 구원하시는 놀라운 복이 시작된 것입니다.

그리스도인인 우리는 누구입니까? 불의 심판을 예비할 노아와 같은 사람들입니다. 그 역할을 하게 하시기 위해 하나님은 우리가 먼저 예수를 믿게 하셨습니다. 그렇게 우리를 택하신 하나님은 우리가 남북통일을 준비하고 북한에 복음을 전하기 원하십니다. 또한 우리가 12억 인구인 중국과 일본과 10/40창의 불교권, 회교권, 힌두교권과 모든 잘못된 종교에 억압된 자들에게도 복음을 전하기 원하십니다. 하나님은 예수님이 의의 재판장으로서 불로 심판하며 왕으로 오실 때 우리를 사용하시기 위해 은혜를 베풀어 주십니다.

하나님의 은혜를 구하십시오. 하나님의 신비한 계획 속에 내가 있다는 사실을 믿으십시오.

6

지금은
구원의 날입니다

창세기 6:9 - 22

오직 은혜! 은혜는 특혜다

사람들의 죄가 최악의 상태에 이르자 하나님은 더 이상 기다리실 수가 없었습니다. 하나님은 사람들의 죄가 관영한 것을 보시고 깊이 한탄하셨습니다. 그래서 홍수로 전 인류를 심판하기로 결정하셨습니다. 하나님은 기다리셨지만 사람들은 하나님께로 돌아오지 않았습니다. 이제 남은 것은 심판과 죽음뿐이었습니다.

지금은 은혜 받을 만한 때요, 구원의 날입니다(고후 6:2). 구원의 문이 활짝 열려 있습니다. 그러나 그 문은 영원히 열려 있지 않고 때가 되면 닫힙니다. 우리가 후회할 때는 이미 늦은 것입니다. 그때 많은 사람이 눈물을 흘리며 후회할 것입니다. 하나님이 문을 열어 두셨을 때, 건강하고 돈이 있을 때 하나님을 잘 섬기십시오. 늙고 병들어 비참해졌을 때 후회하지 말고, 지금 하나님께 헌신하십시오. 지금이 회개할 때요, 봉사할 때요, 헌신할 때입니다.

인간의 죄가 세상에 관영하기 때문에 하나님이 심판하신다는 말씀이 7절에 이어 5회나 반복되었습니다(7, 11, 12, 13, 17절). 11절의 "하나님 앞에"와 12절의 "하나님이 보신즉", 13절의 "끝 날이 내 앞에 이르렀으니"라는 말씀은 하나님이 더 이상 기다리시지 않는다는 뜻입니다.

사람이 파멸당할 때 땅에 있는 모든 생명체도 함께 죽었습니다. 인간의 부패는 땅에 저주를 가져왔습니다. 이 땅에 지진과 홍수가 나고, 오존층이 파괴되어 지구 온난화와 같은 재난이 일어나는 이유는 땅이 저주를 받았기 때문입니다. 환경 파괴는 인간이 죄지은 결과인 것입니다.

"새 포도주는 새 부대에 넣느니라"(막 2:22)라는 말씀이 있습니다. 누더기는 아무리 고쳐도 누더기입니다. 쓰레기는 버려야 합니다. 이것이 심판입니다. 옛 사람은 죽어야 합니다. 과거에 대해 미련을 갖지 마십시오. 새 옷을 입으려면 헌 옷을 버려야 합니다. 헌 옷이 아깝다고 해서 헌 옷과 새 옷을 함께 입을 수는 없습니다.

심판은 다시 시작할 수 있는 유일한 방법입니다. 하나님이 심판하시는 목적은 멸망시키심이 아니라 구원하심에 있습니다. 하나님은 심판 중에도 구원의 계획을 세우시고 한 사람을 택하셨습니다. 그 사람이 바로 노아입니다. 하나님은 노아를 통해 새롭게 시작하고자 하셨습니다. 그래서 방주를 만들게 하셨고, 물로 심판하시는 중에도 그로 하여금 죽음을 피하게 하셨습니다.

성경은 노아 시대에 물 심판이 있었듯이, 앞으로는 불 심판이 있을 것이라고 예고하고 있습니다. 세상은 영원하지 않습니다. 우리가 저지른 죄악에 대한 심판이 반드시 있을 것입니다. 어느 날 역사의 심판 날이 올 것입니다. 역사의 심판과 더불어 개인의 심판도 있을 것입니다. 사람이 한 번 죽는 것은 정해진 일입니다. 그리고 그 후에는 심판이 있습니다(히 9:27). 심판은 반드시 있습니다. 그리고 하나님은 택하신 사람과 하나님 나라를 위해 새 하늘과 새 땅을 예비하십니다.

그러나 노아는 여호와께 은혜를 입었더라(창 6:8).

노아에 대한 성경의 첫 번째 설명은 '하나님께 은혜를 입었다'는 것입니다. 똑똑하거나 죄를 짓지 않았다는 것이 중요한 것이 아닙니다. 은혜를 받는 것이 중요합니다. 우리 모두 하나님의 은혜를 받은 자가 되기를 바랍니다.

언젠가 한 목사님이 설교 중에 "은혜는 특혜다"라고 말씀하셨습니다. 은혜는 특별한 혜택이라는 뜻입니다. 하나님은 우리가 죄를 지은 죄인임에도 불구하고 죄 없는 것처럼 우리를 대하시고, 또 우리가 별 볼 일 없는 사람이지만 특별한 사람으로 인정해 주십니다. 우리는 하나님의 아들이 될 만한 자격이 없는 사람들이지만 하나님이 하나님의 아들로 삼아 주셨고, 천국에 갈 수 있도록 길을 열어 주셨습니다. 그것이 바로 은혜입니다.

사실 누구든지 있는 그대로 평가받는다면 살아남을 사람은 한 명도 없을 것입니다. 지금 내 마음속의 생각을 다른 사람들이 알 수 있다면 과연 어떤 일이 일어날까요? 인간의 마음속에 있는 생각은 너무나 악합니다. 그렇기에 감추어져 있는 것이 은혜입니다.

그 죄가 감추어지고 허물이 용서를 받을 때 하나님 앞에 쓰임 받는 사람이 됩니다(시 32:1). 우리가 잘나고, 깨끗하고, 의로워서가 아닙니다.

따라서 정의라는 말을 함부로 사용하지 마십시오. 우리는 정의로운 사회나 정의로운 사람에 대해 쉽게 말합니다. 그러나 엄밀히 말하면 정의로운 사람은 없습니다. 우리에게 은혜가 있기 때문에 사는 것이지, 정의로 사는 것이 아닙니다. 정의를 말하면 우리는 모두 죽을 수밖에 없는 존재입니다. 우리가 한 손가락으로 다른 사람을 가리킬 때 나머지 세 손가락은 나 자신을 향하고 있다는 사실을 기억합시다. 그러므로 우리는 은혜를 받아야 합니다.

동행, 세상에 물들지 않고 하나님께 예배드리는 삶

> 이것이 노아의 족보니라 노아는 의인이요 당대에 완전한 자라 그는
> 하나님과 동행하였으며(창 6:9).

노아는 의인이요, 당대에 완전한 자였습니다. 이 말은 놀라운 말입니다. 왜냐하면 당시 시대 상황은 하나님이 물로 심판하시지 않으면 안 될 만큼 타락했기 때문입니다. 그런데 성경은 노아가 '의인이요 당대에 완전한 자'라고 말하고 있습니다. 세상의 모든 사

람이 죄를 지으면서 살고 있을 때 자기만 죄를 짓지 않기는 어렵습니다. 오늘날 우리는 가치관의 혼돈으로 인해 죄를 죄로 여기지 않고, 폭력과 뇌물을 주는 일도 죄로 느끼지 못하고 있습니다. 그러나 노아는 이렇게 죄가 관영한 시대 속에서도 의인으로 살았습니다. 그는 세상에 물들지 않았고 유행을 따라가지 않았습니다. 그렇기 때문에 그는 외로웠습니다.

만일 우리가 정상적인 신앙생활을 하는 사람이라면 세상에서 예수님 때문에 욕을 먹어야 합니다. 욕을 먹지 않고 잘 살고 있다면 우리의 신앙은 가짜일지도 모릅니다. 그런데 오늘날 교회의 비극은 세상과 별로 다른 점이 없다는 것입니다. 세상 사람들은 예수 믿는 사람들이 자기들과 똑같은 모습을 보면서 예수 믿는 것과 예수 믿지 않는 것의 차이가 무엇이냐고 질문합니다.

9절 하반 절을 보면 노아는 하나님과 동행하는 자였다고 설명하고 있습니다. 노아는 은혜 받은 사람이었습니다. 똑똑하기 때문에 죄를 짓지 않는 것이 아니라, 은혜를 받아야만 죄짓지 않을 수 있습니다. 그러므로 우리가 죄짓지 않을 수 있는 방법은 하나님과 동행하는 것입니다. '하나님과 동행한다'는 말은 하나님께 예배드린다는 말입니다. 노아는 가인의 예배가 아닌 아벨의 예배를 드렸을 것입니다.

예배를 드리고 있는 동안에는 죄를 짓지 않습니다. 예배를 드리며 하나님과 시간을 보내고 하나님과 동행하고 있는 동안에는 어둠의 세력이 우리를 점령할 수 없습니다. 하나님과 동행하는 사람은 자기를 신뢰하지 않고 하나님을 의지하는 사람입니다. 그는 자기의 지혜나 힘을 의지하지 않습니다. 그 대신 여호와 하나님으로부터 힘과 능력을 얻기를 간절히 사모합니다. 하나님은 최고의 가치이십니다. 하나님과 동행한다는 것은 최고의 가치와 동행한다는 의미입니다. 하나님과 동행하는 사람은 말씀대로 살고, 말씀 듣기를 좋아하고, 말씀을 순종하는 사람입니다.

노아가 바로 그런 사람이었습니다. 그는 은혜를 받은 사람이었습니다. 그는 의로운 사람이었고, 당대에 흠이 없는 사람이었습니다. 그는 하나님과 동행하는 사람이었습니다. 그렇기 때문에 하나님이 홍수로 인류를 심판하실 때에 구원을 받을 수 있었습니다. 우리가 노아와 같은 복의 사람이 되기를 원합니다. 우리의 묘비에 "이 사람은 하나님의 은혜를 입었고, 의롭고 완전한 사람이었으며, 하나님과 동행하는 사람이었다"라고 쓰이기를 바랍니다.

히브리서 11장 7절은 노아에 대해 이렇게 설명하고 있습니다.

믿음으로 노아는 아직 보이지 않는 일에 경고하심을 받아 경외함으로 방주를 준비하여 그 집을 구원하였으니 이로 말미암아 세상을 정죄하고 믿음을 따르는 의의 상속자가 되었느니라 (히 11:7).

어느 날 하나님이 노아에게 "내가 세상을 모두 심판하리라. 그

러나 너의 가정은 구원할 것이니 방주를 지어 예비하라"라고 말씀
하셨습니다. 그리고 하나님의 말씀을 들은 노아는 120년 동안 방
주를 지었습니다.

방주를 짓는 동안 노아에게 얼마나 많은 회의와 갈등이 있었을
까요? 가족과 주변 사람들로부터 많은 비난을 받았을 것입니다.
노아가 방주를 짓는 데 동의한 사람은 한 사람도 없었습니다. 노아
의 방주에 가족 외에는 들어간 사람이 아무도 없었던 것을 보면 알
수 있습니다. 누가복음 17장 27절에는 "노아가 방주에 들어가던
날까지 사람들이 먹고 마시고 장가들고 시집가더니 홍수가 나서
그들을 다 멸망시켰으며"라고 기록되어 있습니다. 모든 사람이 먹
고, 마시고, 시집가고, 장가드는 일에만 관심이 있었습니다. 그들
은 마치 동물과 같은 삶을 살았습니다. 그러나 좀 더 높은 가치와
영원한 것을 위해 사는 사람들은 하나님을 경외합니다.

> 너는 고페르 나무로 너를 위하여 방주를 만들되 그 안에 칸들을 막
> 고 역청을 그 안팎에 칠하라(창 6:14).

"방주를 만들라"라는 하나님의 명령에 앞서 '너를 위하여'라는
말을 발견할 수 있습니다. 그렇습니다. 방주는 모든 사람을 위해
짓는 것이 아니라 노아를 위해 짓는 것입니다. 교회는 택한 백성을
위해 지어진 하나님의 집입니다. 교회에는 누구든지 오라고 초청

하지만 아무나 오지는 않습니다. 택하심을 받은 백성만 옵니다. 성경책 역시 누구든지 돈만 주면 살 수 있지만 아무나 사서 읽지 않고 택하심을 받은 백성만 사서 읽습니다.

하나님은 방주를 짓되 '너를 위하여' 지으라고 말씀하셨습니다. 택하심을 받은 백성, 구원받은 백성, 하나님의 이름을 부르는 자들만이 하나님을 만날 수 있습니다.

순종, 이성과 상식을 뒤로하고 하나님이 시키시는 대로

> 네가 만들 방주는 이러하니 그 길이는 삼백 규빗, 너비는 오십 규빗, 높이는 삼십 규빗이라 거기에 창을 내되 위에서부터 한 규빗에 내고 그 문은 옆으로 내고 상중하 삼 층으로 할지니라(창 6:15-16).

하나님은 방주를 지으라고 말씀하신 후 방주의 양식을 청사진 보듯이 자세하게 말씀해 주셨습니다. 만일 하나님이 아무런 설명 없이 그저 방주를 지으라고만 하셨다면 노아는 세상에서 보는 배의 양식과 동일하게 만들었을 것입니다. 그러나 그 배로는 1년 동안의 홍수를 견딜 수가 없었을 것입니다. 그래서 하나님은 노아가 세상에서 한 번도 본 일이 없는 이상한 배를 지으라고 말씀하셨습니다.

이스라엘 백성이 광야에 있을 때 하나님은 모세를 부르셔서 성막을 만들라고 말씀하셨고, 성막의 식양을 모두 가르쳐 주셨습니다. 그리고 그때 모세는 자기 마음대로 성막을 만들지 않고 하나님이 가르쳐 주신 대로 순종했습니다.

교회에서 봉사하는 사람들 중에 자기 마음대로 하려는 사람들이 있습니다. 군인은 군대식으로, 의사는 병원식으로, 사장은 기업식으로 교회를 섬기기 때문에 문제가 생깁니다. 그것은 올바른 봉사가 아닙니다. 하나님이 가르쳐 주신 '식양대로' 순종해야 하는 것이 교회의 일입니다. 하나님이 노아에게 가르쳐 주신 방주의 크기와 양식은 세상에서는 본 일이 없었지만, 노아는 순종했습니다. 이성과 경험과 상식에 맞지 않아도 하나님이 시키신 대로, 말씀이 명령하는 대로 따르는 것이 순종입니다.

16절을 보면, 방주에 창문은 하나였습니다. 그 하나의 창문은 공기와 햇빛이 들어오는 곳이었습니다. 노아가 밖을 보지 못하도록 하신 하나님의 계획입니다. 노아의 방주 생활은 비가 내리기 시작하면서 방주에서 나올 때까지 1년 동안 계속되었습니다. 1년 동안 노아와 가족들은 방주 안에서만 살아야 했습니다. 밖으로 나오면 죽기 때문입니다.

방주 안에 들어가는 일은 답답합니다. 하지만 만일 창문이 있어서 밖을 보았다면 노아와 가족들은 절망하고 말았을 것입니다. 당시 그들이 창을 열고 볼 수 있었던 장면은 홍수 때문에 죽어서 썩은 냄새가 나는 동물들이나 사람들의 시체뿐이었습니다. 죽음의 망망대해에서 산도, 나무도 볼 수 없는 수많은 날이 계속될 때 사람들은 좌절해서 죽게 될 것입니다.

이것이 그리스도인의 삶입니다. 하나님이 우리를 제한하시는 것이 너무나 많지만, 그것은 우리를 보호하시기 위함입니다. 우리에게 가장 안전한 곳은 방주 안입니다. 그리고 우리는 눈을 가려야 합니다. 심판의 현장을 보면 살 수 없기 때문입니다.

방주의 또 하나의 특징은 동력이 없다는 것입니다. 모든 배에는 돛을 달든지 노를 저어서 빨리 가거나 속도를 늦출 수 있는 기능이 있습니다. 그런데 방주에는 속도를 조절할 수 있는 동력이 없었습니다. 동력이 없으면 바람이 부는 대로, 파도가 치는 대로 갈 수밖에 없습니다. 또한 방주에는 나침반과 키가 없어서 방향을 잡을 수가 없었습니다. 이것이 노아의 방주입니다.

방주 안에 있는 사람들은 자신들의 힘으로 할 수 있는 일이 아무것도 없었습니다. 노아의 방주는 마치 생후 3개월이 된 모세를 담은 갈대상자와 같습니다. 동력도 키도 없는 모세를 담은 갈대상자는 나일강에 띄워졌지만, 하나님은 그 상자가 애굽 공주의 눈앞에 도착하게 하셨습니다.

우리의 인생은 방주 안에 있는 것과 같습니다. 방주 안에서 우리가 할 일은 하나님을 신뢰하는 것입니다. 하나님을 믿으면 평안합니다. 반대로 하나님을 믿지 않으면 불안합니다. 걱정과 근심과 고통밖에 없습니다. 그러나 방주를 항해하시는 분은 하나님이시라는 사실을 믿으십시오.

광야의 이스라엘 백성은 집도 없이 뜨거운 태양과 밤의 차가운 기후 속에서 40년을 지냈습니다. 광야에서의 40년의 삶과 노아의 방주 안에서의 삶은 오늘 세상을 살고 있는 그리스도인의 삶과 동일합니다. 그러나 예수 믿는 사람들은 "할렐루야!"를 외치며 기쁘게 삽니다. 보이지 않고 들리지 않지만 보이고 들리는 것처럼 살고, 아무것도 없지만 있는 것같이 삽니다. 이것이 광야 생활의 기적입니다. 이것이 노아의 방주에서의 삶의 기적입니다.

우리의 삶의 기적도 바로 여기에 있습니다. 먹을 것이 없을 때 하나님은 만나를 비처럼 내려 먹게 해 주시고, 물이 없을 때 바위를 쳐서 물을 내시고, 원수들이 쳐들어올 때는 기도로 이기게 하시고, 외로울 때는 말씀을 주시고, 죄를 지었을 때는 성막을 주시고, 갈 길을 잃었을 때는 불 기둥과 구름 기둥을 주셔서 광야의 삶을 기적같이 살게 하셨습니다. 이것이 그리스도인인 우리의 삶입니다.

병들고, 사업이 망하고, 나라가 망하는 것 같지만 두려워하지 마십시오. 우리의 동력과 방향이 되시는 하나님이 우리를 지키시고 보호하십니다. 방주 안에 있었던 여덟 식구와 동물들은 1년이 지난 후에 모두 살아서 방주 밖으로 나왔습니다.

지금 지구상에 존재하는 동물이 약 17만 5,000종이나 되고 암수로 하면 약 35만 쌍이라고 합니다. 그 동물들이 방주 안에서 1년 동안 무엇을 먹을 것이며, 배설물은 어떻게 할 것이며, 노아의 여덟 식구가 그 동물들을 어떻게 관리할 것인지는 큰 문제가 아닐 수 없었을 것입니다.

그러나 동물들은 집단적으로 모여 있고, 산소가 부족하고, 햇빛이 들어오지 않으면 동면을 한다고 합니다. 하나님이 모두 잠들게 하신 것입니다. 그러므로 먹지도 않았고, 싸지도 않았기 때문에 걱정할 필요가 없었습니다. 우리가 알지 못하고 이해하지 못하는 부분이 많이 있었겠지만 동물들과 노아의 여덟 식구는 행복하게 1년을 지냈습니다.

우리가 이 험한 세상을 어떻게 살아야 할지를 생각하면 기절할 것만 같습니다. 결혼은 누구하고 해야 할지, 직장은 어디로 결정해야 할지 너무나 많은 문제가 있습니다. 그러나 노아의 방주 속에서 병들어 죽었다는 이야기는 성경에 없습니다. 하나님이 모두 지켜 주셨습니다. 우리도 하나님이 그분의 방법으로 지켜 주실 줄 믿습니다.

> 내가 홍수를 땅에 일으켜 무릇 생명의 기운이 있는 모든 육체를 천하에서 멸절하리니 땅에 있는 것들이 다 죽으리라 그러나 너와는 내가 내 언약을 세우리니 너는 네 아들들과 네 아내와 네 며느리들과 함께 그 방주로 들어가고 혈육 있는 모든 생물을 너는 각기 암수

한 쌍씩 방주로 이끌어 들여 너와 함께 생명을 보존하게 하되 새가 그 종류대로, 가축이 그 종류대로, 땅에 기는 모든 것이 그 종류대로 각기 둘씩 네게로 나아오리니 그 생명을 보존하게 하라 너는 먹을 모든 양식을 네게로 가져다가 저축하라 이것이 너와 그들의 먹을 것이 되리라(창 6:17-21).

이 말씀에서 중요한 단어는 '언약'입니다. 하나님은 약속하시는 분이며, 언약을 지키시는 분입니다. 하나님은 신실하신 분입니다. 성경은 구약과 신약으로 이루어져 있습니다. 그 약속은 한 번도 지켜지지 않은 적이 없습니다.

하나님은 노아의 아들들과 아내와 며느리들도 구원하겠다고 약속하셨습니다. 우리는 여기서 구원에 관한 놀라운 사실을 발견합니다. 사도행전 16장 31절, "주 예수를 믿으라 그리하면 너와 네 집이 구원을 받으리라"라는 말씀과 같이, 하나님은 구원받은 자의 가족까지 구원해 주신다는 것입니다. 노아만 구원하시지 않고 가족들을 모두 구원해 주겠다고 약속하신 하나님이 우리 가정도 모두 구원해 주실 것입니다.

방주는 우리를 위해 준비되었습니다. 또한 방주는 제한된 곳이지만 복된 곳입니다. 우리는 영원히 제한된 방주 속에 있어야 하는 것이 아니라 일정 시간이 지나면 무지개가 보이는 땅으로 다시 나올 수 있습니다. 우리는 이 광야 같은 세상에서 영원히 살지 않습니다. 언젠가 우리는 새 하늘과 새 땅에서 영광스럽게 만날 것입니다.

노아가 그와 같이 하여 하나님이 자기에게 명하신 대로 다 준행하였더라(창 6:22).

노아는 은혜를 받은 사람이었습니다. 노아는 의롭고 완전한 사람이었습니다. 노아는 말씀대로 순종한 사람이었습니다. 우리에게도 노아와 같은 순종이 있기를 바랍니다.

7

나는 구원 방주 올라타고서
하늘나라 갑니다

창세기 7:1-12

믿음, 반대도 무릅쓰고 하나님의 명령대로 묵묵히 행하는 것

노아는 방주를 지으라는 하나님의 말씀을 듣고 120년 동안 신실하게 믿음으로 방주를 지었습니다. 다른 사람들에게서 칭찬과 이해를 받을 수 있는 일을 하기는 쉽습니다. 누가 들어도 상식적이고, 이성적이고, 합리적인 일은 어렵지 않습니다. 그러나 그렇지 않은 일은 본인이 아무리 소신이 있더라도 오래 지속하기가 힘든 법입니다.

방주는 배가 아니었습니다. 이상한 모양의 방주를 120년 동안 짓고 있는 노아를 어느 누구도 이해해 주지 않았습니다. 믿음은 합리적이지 않을 수도 있습니다. 눈에 보이지 않고, 귀에 들리지 않고, 손에 잡히지 않고, 상식으로 이해되지 않아도 하나님의 명령이기 때문에 행하는 것이 믿음입니다.

우리가 자주 듣는 말 중에 가장 이해되지 않는 말은 "예수 믿으면 구원받는다"는 것입니다. 이 말은 성령의 도우심이 없이는 이해할 수 없습니다. 약 2,000년 전에 죽은 한 청년의 이름을 믿으면 구원받는다는 말은 상식에 맞지 않습니다. 그러나 분명히 그를 믿는 자는 구원을 얻습니다. 하나님을 본 사람은 없지만 하나님을 믿는 것이 바로 믿음입니다.

여호와께서 노아에게 이르시되 너와 네 온 집은 방주로 들어가라 이 세대에서 네가 내 앞에 의로움을 내가 보았음이니라(창 7:1).

하나님은 방주를 다 지은 노아에게 "너와 네 온 집은 방주로 들어가라"라고 말씀하셨습니다. 방주로 들어가는 것이 복입니다. 날이 좋고 심판이 없을 때에는 방주에 들어갈 필요가 없습니다. 그러나 인류에게 심판이 임할 때에는 방주에 들어가야만 생존할 수 있습니다. 그래서 하나님은 자신의 자녀들에게 방주에 들어가라고 말씀하셨습니다.

여기서 노아는 처음부터 끝까지 동일한 신앙을 가졌다는 사실을 알게 됩니다. 앞서 창세기 6장 9절에서는 노아를 가리켜 "의인이요 당대에 완전한 자라 그는 하나님과 동행하였으며"라고 설명했습니다. 그리고 창세기 7장 1절에서 또다시 하나님은 "이 세대에서 네가 내 앞에 의로움을 내가 보았음이니라"라고 말씀하셨습니다.

노아는 변함이 없는 신앙을 가지고 있었습니다. 우리도 변함없는 신앙을 갖게 되기를 바랍니다. 폭풍과 비바람이 일고, 회사가 망하고, 자녀들에게 어려움이 생기고, 건강에 위기가 올지라도 믿음이 한결같기를 바랍니다. 하나님은 노아를 향해서 "내가 너의 의로움을 보았다"라고 평가하셨습니다. 우리도 언젠가 하나님 앞에 설 때 "너는 내 앞에서 의로웠다"라는 평가를 받게 되기를 바랍니다.

드디어 노아는 자기가 지은 방주로 들어갔습니다. '방주로 들어

갔다'는 말은 하나님이 약속을 지키셨다는 의미입니다.

> 그러나 너와는 내가 내 언약을 세우리니 너는 네 아들들과 네 아내
> 와 네 며느리들과 함께 그 방주로 들어가고(창 6:18).

하나님은 120년 전에 노아에게 "내가 세상을 심판하리라"라고 약속하셨습니다. 세상에 죄가 관영했기 때문에 하나님은 이 세상을 심판하시지 않을 수 없었습니다. 심판은 하나님이 다시 시작하시는 방법입니다. 옛 것을 버려야 새 것이 나옵니다. 노아 시대에는 물로 심판을 받았지만, 노아 시대 이후 인류가 쌓은 죄는 불로 심판받게 될 것입니다.

하나님은 의로운 노아를 통해 구원을 계획하셨고, 방주를 지어 그 안으로 들어가라고 하셨습니다. 우리는 여기서 약속하시는 신실하신 하나님을 발견합니다. 하나님의 약속은 변함이 없습니다. 인간은 배신합니다. 아무리 신실하고 착한 사람일지라도 한두 번은 배신하고, 몇 번씩은 거짓말을 합니다. 그러나 하나님은 수천 년이 지나도 배신하시지 않고 약속을 지키십니다.

우리는 성경을 '구약'과 '신약'으로 나누어 부릅니다. 구약은 옛적의 약속을 말하며, 신약은 새로운 약속을 의미합니다. 구약의 모든 약속은 신약에서 성취되었고, 신약의 약속은 앞으로 이루어질 것입니다. 하나님이 물로 심판하실 때 노아라는 사람을 택하셔서

구원을 약속하셨는데, 그 약속이 이제 성취되고 있는 것입니다.

곧 불의 심판이 올 것입니다. 그때 하나님은 예수 그리스도를 믿고 의로운 사람이 된 하나님의 자녀들을 구원해 주겠다고 약속하셨습니다. 노아와 그 가족들이 구원받았던 것처럼 누구든지 예수 그리스도의 이름을 부르는 자는 자신도 구원받을 뿐만 아니라 그 가족도 구원을 받습니다(행 16:31). 그러므로 우리 때문에 우리 가정이 구원받을 줄 믿습니다.

하나님은 역사의 마지막 때에 우리를 천국으로 인도해 주실 것입니다. 왜냐하면 하나님은 언약의 하나님이시며, 변함이 없는 분이시기 때문입니다. 민수기 23장 19절은 "하나님은 사람이 아니시니 거짓말을 하지 않으시고 인생이 아니시니 후회가 없으시도다 어찌 그 말씀하신 바를 행하지 않으시며 하신 말씀을 실행하지 않으시랴"라고 말합니다. 하나님의 약속은 반드시 이루어진다는 사실을 믿기 바랍니다. 본 적도 없고, 만져 본 적도 없지만 우리는 믿음으로 그 사실을 알 수 있습니다. 성경의 모든 약속이 우리에게 이루어질 줄 믿습니다.

너는 모든 정결한 짐승은 암수 일곱씩, 부정한 것은 암수 둘씩을 네게로 데려오며 공중의 새도 암수 일곱씩을 데려와 그 씨를 온 지면에 유전하게 하라(창 7:2-3).

창세기 6장 19절에서 하나님은 노아에게 "혈육 있는 모든 생물을 너는 각기 암수 한 쌍씩 방주로 이끌어 들여 너와 함께 생명을 보존하게 하되"라고 말씀하신 바 있습니다. 하나님은 동물의 모든 종을 보존하시기 위해 암수 한 쌍씩 방주에 남겨 두셨습니다. 그런데 창세기 7장 2절에서 하나님은 정결한 짐승은 암수 일곱씩 들어가라고 하셨습니다. 여기에 놀라운 비밀이 있습니다.

　방주는 광야와 같은 곳입니다. 방주는 그리스도인의 현주소입니다. 방주 안은 사람이 살 만한 곳이 아닙니다. 그러나 그 방주에 들어가는 자만이 은혜를 받고, 복을 받으며, 구원을 받습니다. 그런데 하나님은 왜 정결한 짐승은 암수 일곱씩 들어가라고 말씀하셨을까요? 동물들을 짝을 지어 데리고 들어간 이유는 종족 보존을 위한 것이었지만, 정결한 짐승 암수 일곱씩은 제사를 위한 것이었습니다.

　정결한 짐승이란 제사를 드리기에 합당한 짐승을 의미합니다. 제사는 방주 안에서도 드려졌습니다. 제사는 예배입니다. 예배는 하나님과의 관계를 지속하는 것을 의미하고, 하나님의 임재 가운데 들어가는 것을 뜻합니다. 그뿐만 아니라 하나님께 영광과 감사와 찬양을 올려 드림으로 말미암아 그분의 영광에 동참하는 것입니다. 이 예배는 제사를 통해 이루어집니다. 마찬가지로 오늘날 우리가 드리는 예배도 하나님의 어린 양 예수 그리스도의 보혈을 의지해 우리의 몸을 정결하게, 하나님이 기뻐하시는 거룩한 산 제사로 드리는 것을 말합니다.

하나님은 가인의 예배를 받으시지 않았습니다. 왜냐하면 피의 제사가 아니었기 때문입니다. 죄인에게 필요한 제사는 피의 제사입니다. 그래서 하나님은 아벨이 동물의 피로 드린 예배를 기쁘게 받으셨습니다. 아벨은 비록 에덴동산에서 쫓겨난 죄인이라 할지라도 계속해서 참된 예배를 드림으로써 하나님과 관계를 맺고 있었습니다. 그러나 가인은 하나님께 참된 예배를 드리지 않았습니다.

우리도 죄인으로 세상에 살고 있지만 우리가 세상 사람들과 다른 이유는 여호와의 이름을 부르며 예배를 드림으로 말미암아 하나님과의 관계를 지속하고 있기 때문입니다. 여기에 하나님의 복과 영광이 있습니다. 제사를 드리는 곳이 비록 감옥일지라도 그곳이 영광의 자리로 변합니다. 예배가 있는 곳에는 하나님의 임재와 거룩과 영광과 능력이 나타나기 때문입니다. 따라서 하나님은 제사드릴 수 있는 정결한 짐승을 원하셨습니다.

우리가 살고 있는 이 세상이 그렇게 아름답고 행복한 곳은 아니라는 사실은 이미 눈치챘을 것입니다. 좋을 것 같아 보였던 결혼생활도, 아이가 태어나는 일도, 돈을 버는 일도 죽을 때까지 고생입니다. 인생의 주인은 자신이니까 마음대로 살 수 있을 것 같지만 실제로 그렇지 않습니다. 우리는 병에 걸릴 수도 있고, 우리가 하는 사업이 망할 수도 있습니다.

이런 현실 속에서 예수 그리스도를 믿고 하나님과 교제하며 예배드리는 자는 아무리 세상이 험해도 천국에서처럼 승리하며 살 수 있습니다. 이 험악한 세상 한복판에서 "이것이 나의 간증이요, 이것이 나의 찬송일세"(새찬송가 288장) 하고 소리 높여 외칠 수 있는 것입니다.

방주는 광야와 같습니다. 광야에 하나님의 영광이 있었듯이, 방주 안에는 노아가 드리는 예배로 인해 하나님의 영광과 기적이 있었습니다. 오늘날 우리가 드리는 예배를 통해 영혼이 소생하고, 육체가 새로워지고, 우리의 삶에 풍성한 복이 흘러넘치기를 바랍니다. 그 열쇠는 바로 예배입니다.

내가 하면 힘겹지만, 하나님이 하시면 쉽다

> 지금부터 칠 일이면 내가 사십 주야를 땅에 비를 내려 내가 지은 모든 생물을 지면에서 쓸어버리리라 노아가 여호와께서 자기에게 명하신 대로 다 준행하였더라(창 7:4-5).

노아에게는 기적의 7일이 있었습니다. 예수님을 믿는 우리에게도 놀라운 기적의 7일이 있습니다. 하나님의 영광과 기적을 예배하는 7일입니다. 이 7일 동안 하나님은 약속한 혈육 있는 모든 동물을 노아의 방주로 이끌어 오셨습니다. 하나님이 약속하신 내용이 모두 성취되었습니다.

그 많은 동물이 어떻게 7일 동안 방주 안으로 들어갈 수 있었을까요? 그 많은 동물을 모두 방주 안에 넣기란 불가능한 일입니다. 이 일을 자연 법칙이나 상식, 이성으로 생각하면 의심하게 됩니다. 상식과 이성으로는 심판이 온다는 말을 믿을 수 없고, 또 7일 안에 모든 동물을 방주 안으로 들이는 일을 상상할 수 없습니다.

그러나 이것은 영적인 법칙과 믿음의 법칙과 하나님의 관점에서 보면 쉬운 일입니다. 개미 떼를 보면 먹이를 물고 가는 모습을 볼 수 있습니다. 누가 시키지도 않았는데 줄을 잘 맞추어서 지나갑니다. 하늘을 나는 기러기 떼도, 꿀을 따는 벌도 정확히 자신의 집으로 돌아갑니다. 하나님이 모든 짐승에게 은혜를 베풀어 주셨습니다. 그래서 동물들은 한순간에 짝을 지어 나타나 줄을 지어 방주 안으로 들어갔습니다.

만일 노아가 동물들을 잡아 방주 안으로 넣으려고 했다면 그 일은 전혀 불가능했을 것입니다. 이와 같이 우리가 할 수 있는 일은 하나도 없습니다. 오직 하나님이 하시기 때문에 쉽게 해결될 수 있습니다. 그 많은 동물이 때가 되자 방주 앞으로 모여들기 시작했습니다. 노아가 한 일은 그저 문을 열어 놓고 기다리는 것뿐이었습니다. 내가 하고자 하면 모든 일이 힘들고 어려울 뿐입니다. 그러나 하나님이 하시면 기쁘고, 쉽고, 간단하게 해결됩니다.

동물들은 제각기 방주 안으로 들어왔고, 무게의 균형을 맞추어 1층과 2층과 3층으로 나누어 자리를 잡았습니다. 앞서 언급했듯이 기온이 낮고, 햇빛이 없고, 산소가 부족하면 동물들은 동면을 취합니다. 방주 안의 동물들은 1년 동안 동면을 했을 것입니다. 하나님은 그렇게 방주 안의 동물들을 다스리셨습니다. 하나님이 하시면 아주 쉽습니다. 우리의 생애도 하나님이 이같이 간섭하시기를 원합니다.

> 하나님이 노아와 그와 함께 방주에 있는 모든 들짐승과 가축을 기억하사 하나님이 바람을 땅 위에 불게 하시매 물이 줄어들었고(창 8:1).

여기서 '기억하셨다'는 말은 '간섭하셨다'는 뜻으로, 하나님이 방주 안의 동물들을 간섭하셨다는 말입니다. 우리는 자녀를 키우기가 힘이 듭니다. 사춘기를 겪는 아이들도, 결혼한 자녀들도 문제가 많이 있습니다. 그러나 하나님이 돌봐 주시면 스스로 알아서 성장합니다. 이것이 세상에서 복 받고 살 수 있는 비밀입니다.

방주는 은혜의 장소입니다. 하나님이 간섭하시기 때문에 방주 안이 복 받는 장소가 되는 것입니다. 방주 안으로 들어가십시오. 이 마지막 시대에 노아의 방주와 같은 곳이 교회입니다. 하나님을 떠나지 마십시오. 교회를 떠나지 마십시오. 방주 안이 답답하게 느껴지지만 그 안에는 하나님의 은혜가 넘쳐 납니다.

사실 방주 안은 그렇게 재밌지도 않고, 행복한 장소도 아닙니다. 창문도 없이 동물들과 살아야 하는 곳입니다. 그러나 염려하지 마십시오. 이 방주 안에 있는 기간은 고작 1년입니다. 이 세상에서 사는 일은 영원하지 않습니다. 광야의 삶은 40년이었습니다. 이 세상은 잠깐 지나가는 곳입니다.

방주는 노도 없고 돛도 없었습니다. 방주는 의지대로 갈 수 없었습니다. 그저 바람 부는 대로, 물결치는 대로 갈 수밖에 없었습니다. 임의로 빠르게 혹은 느리게 가게 할 수도 없었습니다. 또한 방주는 방향을 결정할 수 있는 키가 없었습니다. 내가 가고 싶은 방향으로 갈 수 없었습니다. 방주 안에서 살 수 있는 유일한 방법은 하나님을 믿는 것뿐이었습니다. 만일 방주 안에서 하나님을 의지하거나 신뢰하지 않는다면 한순간도 생존할 수 없었습니다.

내 인생에 하나님의 간섭하심이 넘쳐 나기를

사람은 인생을 스스로 살아가는 것 같지만, 인생을 살아 본 사람들의 결론은 "내가 내 인생을 산 적이 없이 끌려다녔다"라는 고백입니다. 인생 여정 동안 타의에 의해 평생을 노예처럼 끌려다녔다는 뜻입니다. 인생을 마칠 때 우리가 하는 한마디 말은 "허무하다"입니다. 자신이 인생을 이끌어 온 것 같지만 계획대로 된 것이 하나도 없습니다. 그럼에도 불구하고 우리는 또 속고 있습니다.

우리가 하나님을 신뢰할 때에만 우리의 인생은 의미가 있습니다. 인생의 배는 내가 아니라 하나님이 운행하시는 것입니다. 하나님을 믿고, 경배하고, 찬양하며 그분 앞에 나아갈 때 하나님이 자연의 법칙과 이성의 법칙을 넘어서서 우리에게 초자연적인 은혜와 긍휼을 베풀어 주십니다. 근심과 걱정이 내 앞을 둘러쌀지라도 싸이지 아니하며, 답답한 일을 만나도 답답하지 않습니다. 홍해가 갈라집니다. 먹을 것이 없을 때 하나님이 만나를 주십니다. 물이 없을 때 바위에서 샘물이 솟아나게 해 주십니다. 절망이라고 생각했을 때 구름 기둥과 불 기둥으로 우리의 인생을 인도해 주십니다. 이것이 은혜의 삶입니다.

우리의 인생에 하나님의 간섭하심이 넘쳐 나기를 바랍니다. 직장 문제도, 자녀 문제도 하나님이 간섭해 주시기를 간절히 원합니다. 돈을 따라다니지 말고, 돈이 따라오게 하십시오. 이것이 방주 안에서 사는 그리스도인의 삶입니다. 세상의 가치 기준과는 전혀 다른 새로운 기준, 영적인 법칙과 놀라운 믿음의 세계입니다.

> 홍수가 땅에 있을 때에 노아가 육백 세라 노아는 아들들과 아내와 며느리들과 함께 홍수를 피하여 방주에 들어갔고 정결한 짐승과 부정한 짐승과 새와 땅에 기는 모든 것은 하나님이 노아에게 명하신 대로 암수 둘씩 노아에게 나아와 방주로 들어갔으며(창 7:6-9).

7일 동안 모든 일이 이루어졌는데, 비가 올 징조가 보이지 않았습니다. 하나님은 요셉이 억울하게 감옥에 들어갔을 때에도 그에게 총리대신이 되기 위한 각본이라며 미리 미래의 일을 알려 주시지 않았습니다. 하나님은 끝까지 믿음을 보십니다. 엘리야는 갈멜산에서 기도할 때 사환에게 지중해 저편에 구름이 있는지 몇 번이고 확인하라고 명령했습니다.

이것이 신앙의 현실입니다. 우리는 하나님의 음성을 듣고 일을 하지만 순간순간 많은 갈등과 문제를 직면하게 됩니다. 우리가 주님을 섬기면서 갈등과 의심이 생기는 것은 정상입니다. 엘리야는 포기하지 않고 일곱 번 기도했을 때 지중해 저편에 손바닥만 한 구름이 보인다는 보고를 들었습니다. 그 구름은 폭풍과 비바람을 몰고 오시는 하나님의 신호탄이었습니다.

만약 지금 갈등과 고민 속에서 '이것이 하나님의 일인가?'라고 생각되는 문제가 있다면 바로 그 일이 하나님의 일입니다. 하나님은 우리가 이성에 순종하는지 하나님의 말씀에 순종하는지, 눈에 보이는 것을 보고 말하는 사람인지 보이지 않는 것을 보고 말하는 사람인지 확인해 보십니다.

칠 일 후에 홍수가 땅에 덮이니 (창 7:10).

비 한 방울도 보이지 않더니 정확히 7일 후에 홍수가 시작되었습니다. 하나님은 약속을 지키시는 분입니다. 믿음으로 사는 동안 의심과 갈등이 있고, 사람들로부터 비판받을지라도 자신의 선택을 의심하거나 뒤돌아서지 마십시오. 그것이 믿음의 길입니다. 내가 선택한 일이 진정 하나님이 복을 주시고 기뻐하시는 길이라는 확신이 있다면 고난이 따르는 것을 두려워하지 마십시오. 하나님의 뜻이라면 사람의 박수 소리가 없을지라도 그 길을 계속 가십시오.

> 노아가 육백 세 되던 해 둘째 달 곧 그달 열이렛날이라 그날에 큰 깊음의 샘들이 터지며 하늘의 창문들이 열려 사십 주야를 비가 땅에 쏟아졌더라(창 7:11-12).

하늘이 창을 열고 물을 쏟아부었고, 바다와 땅의 경계가 흐트러졌습니다. 사십 주야 동안 비가 내렸습니다. 방주를 지은 120년 동안 이 사실을 믿은 사람은 아무도 없었습니다. 홍수는 인간의 이성과 자연 법칙으로 이해될 수 없는 일이었습니다. 그러나 그 일은 사실이었습니다. 따라서 이성의 속삭임이나 세상 사람들의 이론에 속지 마십시오. 우리가 관심을 가져야 할 것은 변함없는 하나님의 말씀입니다. 일점일획도 틀림이 없는 하나님의 말씀입니다.

역사는 곧 심판받을 것입니다. 그동안 우리가 할 일은 전도입니다. 하나님 나라를 이 땅에 이루어야 합니다. 가난한 자를 돕고 불의한 세계를 고쳐야 합니다. 하나님은 우리에게 한 영혼이라도 구원하고, 깨어 있어 게으르거나 방관하지 말라고 말씀하십니다. 하나님은 노아같이 우리를 통해 방주를 예비하시고 구원을 이루고자 하십니다.

8

하나님의 말씀은
그대로 이루어집니다

창세기 7:13-24

노아의 방주는 역사적 사실인가?

노아가 600세 되던 해 2월 17일에 드디어 홍수가 시작되었다고 성경은 말합니다. 노아의 방주 사건은 날짜가 정확히 기록되어 있습니다. 날짜를 구체적으로 기록했다는 것은 노아의 방주 사건이 신화나 전설이 아니라 틀림없는 역사적 사실임을 확인해 줍니다.

노아 시대 당시 홍수는 우리가 장마 때 경험하는 폭우처럼 엄청난 양의 비가 쏟아지는 것과 다릅니다. 아무리 비가 많이 온들 지구가 물로 덮일 수 있겠습니까? 비는 구름에서 내리는데, 40일 주야로 비가 왔다고 하더라도 지구를 덮을 수 있는 물의 양은 되지 않습니다. 지구가 물에 잠길 만큼 물이 쏟아진 것은 특별한 사건입니다. 우리는 노아 홍수 사건 이래 이와 같은 일을 한 번도 경험해 본 적이 없기 때문에 성경 말씀에 좀 더 귀를 기울일 필요가 있습니다.

> 노아가 육백 세 되던 해 둘째 달 곧 그달 열이렛날이라 그날에 큰 깊음의 샘들이 터지며 하늘의 창문들이 열려 사십 주야를 비가 땅에 쏟아졌더라(창 7:11-12).

두 가지 사건이 생겼습니다. 첫 번째 사건은 땅에 있는 큰 깊음의 샘들이 터졌다는 것이고, 두 번째 사건은 하늘의 창문들이 열렸다는 것입니다.

첫째, '큰 깊음의 샘들이 터졌다'는 것은 지진이 일어났거나 화산이 터진 것이라고 생각해 볼 수 있습니다. 바다에서도, 산에서도 터졌기 때문에 지구에는 일대 지각 변동이 생겼습니다. 산은 꺼졌고, 육지는 솟아났습니다. 바다와 육지 사이의 경계도 흐트러졌습니다. 바닷물이 땅으로 들어오고, 모든 지하수가 터졌습니다.

이러한 사건이 일어났다는 증거는 지금도 전 세계 곳곳에서 발견할 수 있습니다. 예컨대 이스라엘의 사해가 그것입니다. 노희천 박사의 책《노아의 홍수는 역사적 사실인가》(두란노, 1988)에 의하면, 해발 1,700m에 있는 터키의 반호가 바닷물이고, 해발 1,470m에 있는 이란의 우르미아 호수는 물의 성분 중 염분이 23%나 된다고 합니다. 몽고 분지의 사막에도 염해가 있고, 해발 3,800m나 되는 안데스 산맥에 넓이가 4,800m²나 되는 티티카카라는 큰 호수가 있는데 이 호수의 물도 짜다고 합니다. 간수와 염수가 섞인 것입니다.

시편 104편 6절에는 "옷으로 덮음같이 주께서 땅을 깊은 바다로 덮으시매 물이 산들 위로 솟아올랐으나"라는 표현이 있습니다. 시편 기자는 영감을 받고 이 같은 역사적 사실을 기록한 것입니다. 이처럼 땅의 지각 변동과 함께 화산이 터졌고, 바다의 물과 지하수가 섞였습니다.

창세기 1장 6절에서 알 수 있듯이, 지구를 만드신 하나님은 물로 지구를 덮으셨습니다. 물이 있는 곳에 생명이 있기 때문입니다. 다른 위성에는 물이 없습니다. 하나님은 물을 윗물과 아랫물로 나누시고, 그 사이를 '궁창'이라고 부르셨습니다. 궁창 아래의 물은 바다와 지하수입니다. 물이 반으로 나뉘었기 때문에 지하수와 바다의 물만큼 궁창 위인 하늘에도 물이 있어 물층이 형성되어 있었던 것입니다.

둘째, '하늘의 창문들이 열려 물이 쏟아졌다'는 말은 지상에 있는 바다의 물과 지하수만큼 되는 하늘의 물이 땅으로 쏟아져서 하나님이 세상을 처음 창조하셨을 때처럼 되었다는 말입니다.

지구에는 우주의 모든 유해 광선을 차단할 수 있는 오존층이 있습니다. 그러나 지금은 오존층이 파괴되어 인류에 심각한 환경 위기가 왔습니다. 오존층이 파괴되면 인류는 피부암과 같은 병에 쉽게 걸리게 됩니다. 하나님은 태초에 물층을 만드셔서 우주의 모든 유해 광선을 막아 사람이 살기에 가장 적당한 온도와 환경을 지구에 만들어 주셨습니다.

그래서 노아 홍수 이전에는 바람이나 눈이나 비가 없었고, 남극이나 북극에서도 동일하게 마치 온실과 같이 적당한 온도에서 쾌적하게 살 수 있었습니다. 그러나 홍수 이후 상황이 달라졌습니다.

> 땅이 있을 동안에는 심음과 거둠과 추위와 더위와 여름과 겨울과 낮과 밤이 쉬지 아니하리라(창 8:22).

이것은 노아 홍수 이후에 일어난 일입니다. 전에는 없었으나 물층이 깨어졌기 때문에 생겨난 현상입니다. 노아가 있기 전에 살았던 사람들의 평균 연령은 900세가 넘었습니다. 왜냐하면 물층이 보호하고 있었기 때문입니다. 그러나 노아 홍수 이후부터는 갑자기 사람들의 평균 연령이 300-400세로 뚝 떨어졌습니다. 그리고 좀 더 지나면 120세로 떨어집니다. 시편의 기록을 보면 "우리의 연수가 칠십이요 강건하면 팔십"(시 90:10)이라는 말씀을 볼 수 있습니다. 모세는 120세까지 살았습니다. 또한 지진이나 화산, 해일 같은 자연 재난도 모두 노아 홍수 이후에 물층이 깨짐으로 생겨난 현상입니다.

물이 불어서 십오 규빗이나 오르니 산들이 잠긴지라(창 7:20).

1규빗은 45cm입니다. 그러므로 15규빗은 약 7m 정도입니다. 40일 동안 하늘의 창문들이 열리고 그 물이 지구로 내려옴으로써 물층이 모두 없어져 버렸습니다. 물이 불어서 약 7m나 오르니 산들이 모두 물에 잠겨 버렸습니다.

방주 속 삶은 이 세상 속 그리스도인의 삶과 같다

곧 그날에 노아와 그의 아들 셈, 함, 야벳과 노아의 아내와 세 며느
리가 다 방주로 들어갔고 그들과 모든 들짐승이 그 종류대로, 모든
가축이 그 종류대로, 땅에 기는 모든 것이 그 종류대로, 모든 새가
그 종류대로(창 7:13-14).

하나님은 노아에게 방주를 짓게 하셨고, 그 안에 들어가게 하셨
습니다. 여기에서 두 가지 사실을 배우게 됩니다. 하나는 하나님은
노아만 구원하시지 않고 노아와 아내와 세 아들과 세 자부를 다 구
원하셨다는 것입니다. 그리고 또 한 가지, 노아와 그 가족들뿐만
아니라 세상의 모든 동물의 번식을 위해 그들을 '종류대로' 방주
안에 들어가게 하셨다는 것입니다.

기독교는 개인주의적이지 않고 공동체적입니다. 이기적인 집단
이 아니라 더불어 사는 공동체입니다. 하나님은 아담과 함께 하와
를 창조하셨고, 아브라함을 부르실 때도 그 가족을 부르셨습니다.
야곱이 애굽으로 갈 때도 70명이 함께 이주했고, 모세가 가나안을
향해 출발했을 때도 공동체로 움직였습니다. 오순절 성령이 임하
셨을 때도 마가의 다락방에는 120명이 모여 있었습니다.

저는 오순절 성령 임재 사건을 보면서 줄을 잘 서야 된다는 생각
을 합니다. 120명이 모두 다 예수를 잘 믿었다고 보기는 어렵습니

다. 그중에는 엉터리도 꽤 있었을 것입니다. 그러나 엉터리든 아니든 그날 마가의 다락방에 있었던 모든 사람은 성령을 체험했습니다. 이것이 은혜입니다. 우리가 어디에 서 있느냐가 중요합니다. 그들은 개인적으로 성령을 받지 않고 공동체로 성령의 역사를 체험했습니다. 하나님은 공동체에 관심이 있으십니다. 우리 민족과 가정과 교회는 다 함께 더불어 살아야 합니다.

복음에는 사회성이 있습니다. 하나님은 우리만 구원받는 것을 원하시지 않습니다. "주 예수를 믿으라 그리하면 너와 네 집이 구원을 받으리라"(행 16:31)라고 약속하셨습니다. 이 말씀대로 우리의 가정이 모두 구원받을 줄로 믿습니다. 왜냐하면 우리에게 복음이 들어왔기 때문입니다. 또한 우리의 가정이 구원받았으면, 우리가 살고 있는 동네가 구원받을 줄로 믿습니다. 이것이 바로 노아와 그 가족들을 구원하신 하나님의 섭리입니다.

디모데전서 5장 8절, "누구든지 자기 친족 특히 자기 가족을 돌보지 아니하면 믿음을 배반한 자요 불신자보다 더 악한 자니라"라는 말씀을 기억하십시오. 자기 가족을 전도하지 않으면 믿음을 배반한 자요, 예수 믿지 않는 자보다 더 악하다고 하나님은 말씀하셨습니다. 그러므로 우리는 가족의 구원에 힘써야 합니다.

언젠가 온누리교회 새신자환영회에 75세 된 노부부가 참석하셨습니다. 두 분은 노모가 계시는데 절에 다니신다면서 예수 믿고 교회에 나오시면 좋겠다는 기도 제목을 말씀하셨습니다. 우리도 포기하지 말고 마지막 순간까지 가족의 구원을 위해 기도합시다. 왜냐하면 노아와 함께 그 가족이 구원을 받았기 때문입니다.

또 하나님은 창세기 7장에서 창조론을 지지하십니다. 하나님은 창세기부터 요한계시록까지 성경 어디에서도 진화론이 옳다고 말씀하시지 않았습니다. 성경은 모든 부분에서 창조론이 옳다는 사실을 밝힙니다. 그중에 하나는 '종류대로'라는 말입니다. 하나님은 동물들을 방주로 이끄실 때 그 종류대로 데려오셨습니다. 하나님은 종을 바꾸시지 않았습니다. 창조하신 그대로 유지하는 것이 하나님의 창조 원리입니다.

하나님은 아메바가 진화해 고등 동물이 되고, 원숭이가 진화해 사람이 되는 종의 변화를 의도하시지 않았음을 알게 됩니다. 물론 종 안에는 돌연변이나 여러 변화가 있을 수 있습니다. 그러나 하나님은 종류대로 창조하셨고, 보존하십니다. 우리는 성경을 통해 진화론이 사실이 아님을 알 수 있습니다.

요즘 우리는 복제 인간에 대한 두려움을 가지고 있습니다. 그것은 종 안에서 이루어지는 하나의 복제일 뿐입니다. 가끔 우리는 같은 종끼리 결합을 해서 새로운 동물을 탄생시키는 이야기를 듣기도 합니다. 그러나 그런 사실도 걱정할 필요가 없습니다. 우리가 상상하듯이 외계인이 쳐들어오는 일은 이루어지지 않을 것입니다. 복제 인간이 생겨서 지구를 혼돈에 빠뜨릴 것이라는 말도 사실이 아닙니다.

복제 인간도 생길 수 있고, 복제 동물도 생길 수 있습니다. 그러나 그것은 부자연스러운 것입니다. 부자연스러운 것은 결코 오래 지속되지 않습니다. 하나님은 언제나 암수 한 쌍을 통해 번식과 생성이라는 창조의 섭리를 이루십니다.

> 무릇 생명의 기운이 있는 육체가 둘씩 노아에게 나아와 방주로 들어갔으니 들어간 것들은 모든 것의 암수라 하나님이 그에게 명하신 대로 들어가매 여호와께서 그를 들여보내고 문을 닫으시니라 (창 7:15-16).

하나님은 종을 보존하십니다. 인간은 인간이고, 동물은 동물입니다. 하나님은 창조하신 그대로 보존하십니다. 그리고 하나님은 암수 한 쌍을 통해 보존하십니다. 여기서 배울 수 있는 점은 호모와 레즈비언은 잘못된 것이라는 사실입니다. 남자끼리 혹은 여자끼리 사는 것은 복제 인간을 만드는 행위와 동일한 죄악입니다.

저는 하나님이 암수 한 쌍씩을 방주로 들여보내라고 하신 말씀을 접하면서 불안한 마음이 들었습니다. 방주 안에서 1년 동안 살면서 병이 들 수 있고 죽을 수도 있는데, 혹시 암컷이나 수컷 중에 하나가 죽으면 어떻게 합니까? 그러나 놀라운 사실은, 방주 안에서 어떤 동물도 죽거나 병들었다는 기사가 없습니다. 하나님이 모든 동물을 지키고 보호하셨습니다. 방주 안에서의 삶은 광야의 삶과 같고, 이 세상에서 그리스도인이 사는 삶과 같습니다. 하나님은 암수 한 쌍씩의 동물들을 병들거나 죽게 하시지 않고 보존하셨고, 종족대로 번식할 수 있도록 은혜를 베푸셨습니다. 이것이 방주 안의 기적입니다.

방주 속 사람 vs 방주 밖 사람

16절을 보면 '하나님이 명하신 대로' 되었다고 말합니다. 하나님이 명하신 대로 관리하고 보호하면 절대로 죽거나, 다치거나, 아프지 않습니다. 노아는 그 많은 동물을 자기 힘으로 잡아서 방주 안에 넣을 수 없었습니다. 그러나 하나님이 간섭하셨을 때 모든 동물이 줄을 서서 방주 안으로 들어와 각기 알아서 머물 곳에 자리를 잡고, 동면을 하고, 아무 문제없이 1년 동안 지냈습니다.

바로 이것이 '하나님이 명하신 대로'라는 말씀에서 발견되는 진리입니다. 하나님이 함께하시면 어떤 고통이나 환경도 문제가 되지 않습니다. 환경이 우리를 행복하게 만들지 않습니다. 오직 하나님이 우리와 함께 계시기만 하면 그곳이 천국이 되는 것입니다.

행복의 기준은 무엇을 소유했느냐가 아니라 누구와 함께 있느냐입니다. 우리가 아무리 많은 것을 소유한다 해도 혼자 있으면 행복하지 않을 것입니다. 그러나 사랑하는 사람과 함께 있으면 행복을 느낄 수 있습니다. 아무리 좋은 환경도 미운 사람과 함께 있다면 그것 역시 좋을 리가 없습니다.

> 홍수가 땅에 사십 일 동안 계속된지라 물이 많아져 방주가 땅에서 떠올랐고 물이 더 많아져 땅에 넘치매 방주가 물 위에 떠다녔으며 물이 땅에 더욱 넘치매 천하의 높은 산이 다 잠겼더니(창 7:17-19).

이 말씀을 보면서 '홍수가 땅에 40일 동안 범람해서 땅이 다 덮였다'라고만 생각하면 중요한 메시지를 모두 놓쳐 버리고 맙니다. 17절을 보면 "물이 많아져", 18절에서는 "물이 더 많아져"라고 설명합니다. 그리고 19절에는 "물이 땅에 더욱 넘치매"라고 표현되어 있습니다. 비는 40일 동안 왔지만 물은 계속 불어났습니다. 화산이 계속 터지고, 해일과 지진이 일어나는 등 지각 변동 때문에 물이 이동하고 있다는 것을 짐작할 수 있습니다. 40일 동안 비가 온 후 지구의 물은 태평양처럼 잠잠히 있지 않고 파도치며 요동했음을 알 수 있습니다.

17절에서는 물이 많아져 방주가 땅에서 떠올랐고, 18절에서는 방주가 물 위에 떠다녔으며, 19절에서는 천하의 높은 산이 다 잠겼다고 말합니다.

짧은 세 절이지만 이 말씀을 통해 우리는 엄청난 사실을 발견할 수 있으며, 많은 것을 상상할 수 있습니다. 노아의 홍수 당시에도 지금의 산들과 동일했는지는 알 수 없지만, 어쨌든 성경은 산이 다 잠겼다고 말합니다.

> 땅 위에 움직이는 생물이 다 죽었으니 곧 새와 가축과 들짐승과 땅
> 에 기는 모든 것과 모든 사람이라 육지에 있어 그 코에 생명의 기운
> 의 숨이 있는 것은 다 죽었더라(창 7:21-22).

이 말씀에서 강조하는 것은 결국 '모두 죽었다'는 사실입니다.
방주 밖에 있는 동물들과 사람들은 모두 죽었습니다. 오직 방주 안
에 있는 사람들과 동물들만 살 수 있었습니다. 그렇습니다. 방주
밖에 있는 모든 생물은 누구를 막론하고 죽을 수밖에 없었습니다.

> 지면의 모든 생물을 쓸어버리시니 곧 사람과 가축과 기는 것과 공
> 중의 새까지라 이들은 땅에서 쓸어버림을 당하였으되 오직 노아와
> 그와 함께 방주에 있던 자들만 남았더라(창 7:23).

노아 시대의 이야기는 오늘 우리와 결정적인 관계가 있습니다.
하나님은 이제 다시는 물로는 우리를 심판하지 않겠다고 약속하셨
지만, 앞으로는 불로 심판을 하실 것이기 때문입니다. 노아 시대에
는 똑똑한 사람이든 선한 행실을 한 사람이든 상관없이 방주 밖에
있으면 모두 죽었습니다. 반면에 방주 안에 있는 사람들은 똑똑하
거나 착해서가 아니라 방주 안에 있었기 때문에 살 수 있었습니다.

예수님이 불로 심판하시며 재림주로 다시 오실 때 예수 그리스도를 믿어 하나님의 자녀가 된 사람들은 모두 살 것입니다. 그러나 의롭거나 지혜롭고 지식이 많은 사람이라도 예수 그리스도를 믿지 않으면 모두 다 죽을 것입니다.

하나님의 말씀은 그대로 이루어집니다. 하나님이 노아에게 이해할 수 없는 모양의 방주를 지으라고 하셨을 때 노아는 알지 못했지만 하나님이 시키시는 대로 했습니다. 이것이 믿음입니다. 우리가 이해하고 지식으로 깨달아서 하는 일은 믿음이 아닙니다. 그것은 합리성이고 상식입니다.

하나님만이 신실하신 분이며, 완전하신 분입니다. 노아에게 이 비전을 주셨기 때문에 그는 배를 만들지 않고 방주를 만든 것입니다. 합리적이고 이성적인 인간이 하는 일은 하나님의 명령을 축소하는 것입니다. 방주를 지으라고 하면 배를 만듭니다. 크게 만들라고 하면 자신의 상식에 맞지 않기 때문에 작게 만듭니다. 그것은 순종도, 믿음도 아닙니다. 지금은 알 수 없지만 순종과 믿음으로 계속 살다 보면 하나님의 역사가 일어나는 것입니다. 세상은 변하고 하나님의 기적은 일어납니다. 하나님은 바로 이 점을 노아의 방주를 통해 우리에게 교훈하십니다.

세상에서 제일 황당한 말 중에 하나는 "예수 믿으면 구원받는다"는 말입니다. 예수를 믿지 않는 사람들에게는 참으로 답답한 말이 아닐 수 없습니다. 약 2,000년 전에 죽은 한 청년을 믿으면 생명을 얻고, 부활하며, 영생을 얻게 된다고 말합니다. 하나님을 모르는 사람이 볼 때 말도 안 되는 이야기입니다. 인간의 이성으로도 이해되지 않습니다. 성령을 받았기 때문에 믿을 수 있는 것이지, 결코 믿을 수 있는 사실이 아닙니다.

 "예수 믿으면 구원을 얻는다"는 말은 논리적으로 설명하거나 증명할 수 있는 것이 아닙니다. 믿음은 증명되는 것이 아닙니다. 부디 하나님이 우리를 통해 하나님이 원하시는 일들을 하실 수 있게 되기를 바랍니다. 아무도 미래에 일어날 일을 알 수 없습니다. 하나님만이 해답이시고 길이십니다. 이것이 바로 노아의 방주에서 배우는 영적 교훈입니다.

 어떤 사람들은 시비하기를, "물속에 있는 생물들에 대한 언급은 없기 때문에 물속에 있는 생물들은 죽었는지 살았는지 알 수 없다"고 말합니다. 그러나 바닷물과 민물이 합쳐지면 바닷물에 사는 고기는 민물 때문에 죽을 것이고, 민물에 사는 고기는 바닷물 때문에 죽을 것입니다. 그것은 따질 가치도 없는 주장입니다.

 노아의 방주 사건은 말씀 그대로 믿으면 됩니다. 이것은 사실입니다. 인간의 지식과 경험으로 설명할 수 없는 과학 법칙이 너무나 많습니다. 지금 우리가 발견한 것은 극히 제한적입니다. 앞으로 더 많은 발견을 할 것입니다.

 또 어떤 사람은 "혹시 부서진 널빤지 위에서 살아남을 수 있지 않았겠는가?"라고 물으며 시비합니다. 24절이 해답입니다.

물이 백오십 일을 땅에 넘쳤더라(창 7:24).

달수로 따지면 5개월입니다. 혹시 널빤지 위에서 목숨을 일시적으로 건졌다고 해도 5개월 동안 굶고서 살 수 있는 사람은 아무도 없습니다. 결론은 '모두 죽었다'는 것입니다. 하나님의 심판에서 제외될 사람은 아무도 없습니다. 예수 그리스도를 믿는 사람만이 구원을 얻습니다. 노아 시대에도 사람들이 그 말을 믿지 않았던 것처럼, 오늘날 이 시대에도 믿지 않는 사람들이 많습니다.

'백오십 일'이라는 말속에 들어 있는 또 한 가지의 의미가 있습니다. 심판은 제한적이라는 뜻입니다. 심판은 영원하지 않습니다. 150일이 지난 후에 물이 빠진 것처럼, 불 심판이 오면 죽을 사람은 모두 죽고, 그 후에는 하나님이 약속하신 새 하늘과 새 땅을 맞이하게 될 것입니다.

9

알맞을 때까지,
하나님의 침묵을 기다립니다

창세기 8:1-14

가장 어렵고 답답할 때 하나님은 우리 가까이 계신다

대홍수의 심판이 시작된 지 5개월, 150일 만에 드디어 땅 위에 가득했던 물이 빠지기 시작했습니다. 물이 빠지기 시작했다는 것은 이제 심판이 끝나고 하나님의 구원과 복이 베풀어진다는 뜻입니다.

노아의 방주를 구원이라는 관점에서 보면 두 가지 의미가 있습니다. 첫째, 구원이란 '방주에 들어가는 것'입니다. 구원은 은혜이므로 구원을 받을 때 인간이 할 수 있는 일은 아무것도 없습니다. 오직 하나, 방주에 들어가는 것뿐입니다.

둘째, 구원은 '방주에 들어가서 사는 것'입니다. 방주에 들어가는 것은 쉽지만 방주 안에서 사는 것은 고통스럽습니다. 제한된 공간에서 동물들과 함께 살아야 하고, 밖을 내다볼 수도 없습니다. 어떻게 그곳이 행복한 장소가 될 수 있겠습니까? 그러나 하나님의 특별한 간섭하심으로 방주 안은 복 받는 장소로 변했습니다. 방주에 들어가는 것이 '구원'이라면, 방주 안에서의 삶은 '구원의 삶'입니다. 그러나 우리는 방주에서 영원히 살지 않습니다. 방주 안에서의 삶은 끝이 있습니다. 물이 모두 빠지면 방주 밖으로 나오게 되어 있습니다. 이것이 '구원의 삶'입니다.

우리는 앞 장에서 방주를 통해 '구원'에 대한 말씀을 나누었습니다. 이 장에서는 '구원의 삶'에 대해서 살펴보겠습니다.

> 하나님이 노아와 그와 함께 방주에 있는 모든 들짐승과 가축을 기억
> 하사 하나님이 바람을 땅 위에 불게 하시매 물이 줄어들었고(창 8:1).

하나님은 물로 세상을 심판하셨습니다. 그러나 심판 뒤에는 구원이 있습니다. 이 말씀에서 우리는 두 가지 메시지를 발견하게 됩니다.

첫째, 하나님은 노아와 그와 함께 방주에 있는 모든 들짐승과 가축을 기억하셨습니다. '기억하다'라는 말은 '간섭하다', '돌보다'라는 뜻입니다. 방주에 들어가는 것도 중요하지만 방주 안에서 사는 일은 더 중요합니다. 그곳에서 죽지 않고 평안하게 잘 살아야 합니다.

노아의 가족들과 동물들이 방주 안에서 복된 삶을 살 수 있었던 이유는 하나님이 그들을 기억하사 돌보셨기 때문입니다. 잊히는 것만큼 외로운 일은 없습니다. 사람들이 외로워하는 이유는 잊혔다고 생각하기 때문입니다. 누군가가 나를 기억해 준다는 것, 누군가가 나를 사랑해 준다는 것은 복된 일입니다.

인간의 불안과 외로움의 본질적인 문제는 하나님을 잃어버린 데 있습니다. 하나님이 나를 잊으셨고 나와 상관이 없으시다고 생각될 때 인간에게는 절대 고독과 불안이 찾아옵니다. 그러나 하나

님을 만질 수 없고 보지 못해도, 하나님의 음성이 들리지 않아도 하나님이 나를 사랑하시고 잊지 않으신다는 사실만 믿는다면 우리는 어떠한 어려운 환경도 이겨 낼 수 있습니다.

하나님은 노아와 가족들과 동물들의 신음 소리를 들으셨고, 그들의 고통과 아픔을 이해하고 기억해 주셨습니다. 우리는 살면서 외롭고, 고통스럽고, 힘들면 '하나님이 주무시는 것은 아닐까?', '하나님은 내 고통을 알고 계실까?'라는 의심이 생깁니다. 그러나 염려하지 마십시오. 하나님은 노아와 가족들과 동물들을 기억하고 보살펴 주신 것처럼 우리의 삶을 간섭하고 계십니다.

> 나의 힘이신 여호와여 내가 주를 사랑하나이다 여호와는 나의 반석이시요 나의 요새시요 나를 건지시는 이시요 나의 하나님이시요 내가 그 안에 피할 나의 바위시요 나의 방패시요 나의 구원의 뿔이시요 나의 산성이시로다(시 18:1-2).

우리도 시편 기자와 같은 고백을 할 수 있기를 바랍니다. 주변 환경이 어렵고 힘들지라도 하나님은 우리를 버리시지 않고 기억하십니다. 하나님은 우리의 피난처시요, 피할 바위가 되어 주십니다. 이런 믿음이 생기기 시작하면 우리는 절망에서 살아납니다. 어떤 병이나 위기, 불가능에서도 살아날 줄로 믿습니다.

따라서 눈에 보이지 않고, 귀에 들리지 않고, 손에 만져지지 않더라도 의심하거나 두려워하지 마십시오. 가장 어렵고 답답할 때 하나님은 우리 가까이에 계십니다. 사람들은 자신이 가장 힘들고 외로울 때 하나님이 떠나셨다고 생각합니다. 그렇지 않습니다. 부모가 건강한 자녀보다 병든 자녀에게 더 큰 관심이 있는 것처럼, 하나님은 문제 있고 상처받은 영혼, 고난 중에 있는 성도에게 특별히 간섭해 주십니다.

하나님이 보이지 않는 이유는 우리의 슬픔이 너무 크기 때문입니다. 감정 때문에, 눈물 때문에 하나님이 보이지 않을 뿐입니다. 가까이 계신 하나님을 만나십시오. 하나님은 우리 가까이 계십니다. 우리를 기억하시고, 우리의 신음 소리를 듣고 계십니다.

출애굽기에도 이런 예가 나옵니다. 애굽에서 노예 생활을 하던 이스라엘 백성은 고통 중에 신음했습니다. 그때 하나님은 그들의 신음 소리를 듣고 때를 기다리셨습니다. 그처럼 하나님은 우리를 위한 계획을 가지고 때를 보십니다. 하나님은 일찍 오시지도, 늦게 오시지도 않습니다. 내가 원하는 때와 하나님이 원하시는 때가 맞지 않기 때문에 고통스러운 것입니다.

잉태된 아이는 어머니 배 속에서 열 달 동안 있어야 합니다. 그것은 방주 안에서 사는 것과 같습니다. 해산은 방주에서 나오는 것과 같습니다. 이것이 구원입니다. 임신은 하루면 됩니다. 그러나 태중에서 10개월이 지나야 한 생명이 태어나고, 한 인간으로서 성숙한 삶을 살기 위해서는 최소한 20–30년은 기다려야 합니다. 이것이 그리스도인의 삶입니다.

예수 그리스도를 믿으면 구원을 받지만, 구원을 완성하는 데는 시간이 필요합니다. 연단을 위한 고난과 여러 가지 환경이 필요합니다. 하나님은 이스라엘 백성이 애굽에서 종살이할 때 그들의 신음 소리를 들으시고 모세를 예비해 두셨습니다. 그리하여 하나님의 때가 되었을 때 모세를 통해 이스라엘 백성을 젖과 꿀이 흐르는 가나안 땅으로 인도하셨습니다.

하나님은 이스라엘 백성을 가나안 땅으로 들여보내시기 위해 그들을 광야에서 40년 동안 훈련시키셨습니다. 마찬가지로 하나님은 우리를 천국 백성, 복된 사람, 하나님의 사람으로 만드시기 위해 잠깐 고난 속에서 연단하시고 훈련시키신다는 사실을 잊지 않기를 바랍니다.

창일했던 물도 하나님의 때가 되면 빠진다

하나님이 바람을 땅 위에 불게 하시자 물이 줄어들었습니다. 비가 40일 주야로 쏟아졌고, 물이 땅에 창일했습니다. 5개월 동안 노아와 가족들과 동물들은 방주 안에서 기가 막힌 생활을 했을 것입니다. 은혜를 받았어도 고통은 있는 법입니다.

하나님은 노아와 가족들과 동물들을 기억하셨기에 바람을 이용해 물을 빼기 시작하셨습니다. 바람이 물을 원위치로 보냈습니다.

하늘에서 온 것은 하늘로, 땅에서 온 것은 땅으로, 바다에서 온 것은 바다로 가게 했습니다. 이것이 창세기 8장 1절에서 발견하는 두 번째 메시지입니다.

우리가 보기에는 하나님이 아무 일도 하시지 않는 것처럼 생각될 때도 하나님은 무엇인가를 하고 계십니다. 그분은 침묵하고 계신 것 같지만 침묵 뒤에서 위대한 역사를 행하고 계십니다. 하나님은 실수하시지 않습니다. 하나님은 잘못 계산하신 적이 없습니다. 하나님은 늦게 오신 적도 없습니다. 가장 적합한 때에 우리에게 나타나셔서 구원하십니다. 우리의 기도에 응답해 주십니다.

> 사람이 감당할 시험밖에는 너희가 당한 것이 없나니 오직 하나님은 미쁘사 너희가 감당하지 못할 시험당함을 허락하지 아니하시고 시험당할 즈음에 또한 피할 길을 내사 너희로 능히 감당하게 하시느니라(고전 10:13).

우리가 당한 시험은 이길 수 있는 것입니다. 하나님이 우리에게 감당할 만한 시험만 주겠다고 말씀하셨기 때문입니다. 혹시 감당할 수 없을 때는 피할 길을 열어 주겠다고 말씀하셨습니다. 그분이 하나님이십니다.

하나님은 홍수를 일으키기도 하시지만, 물을 빼내고 땅을 말리기도 하십니다. 우리나라의 경제적 어려움이 언제 끝날지는 아무도 모릅니다. 그러나 걱정하지 마십시오. 때가 되면 물러갈 것입니다. 개인적인 위기를 만났을 때 그 위기가 끝없이 영원할 것 같지만 걱정하지 마십시오. 끝은 반드시 있습니다. 위기도, 고난도 영원하지 않습니다.

하나님은 자신의 의도와 목적을 이루신 후에는 물을 빼기 시작하십니다. 우리 삶의 위기 속에 하나님이 물을 빼시는 역사가 있기를 바랍니다. 우리에게 닥친 위기가 예수의 이름으로 떠나가기를 간절히 원합니다. 이 민족이 겪는 모든 위기가 다 떠나가기를 기도합니다.

성경에서 하나님이 바람과 바다를 다스리신 두 가지 예를 찾아보겠습니다. 먼저, 모세의 홍해 사건입니다.

> 모세가 바다 위로 손을 내밀매 여호와께서 큰 동풍이 밤새도록 바닷물을 물러가게 하시니 물이 갈라져 바다가 마른 땅이 된지라(출 14:21).

이스라엘 백성은 애굽을 떠나 젖과 꿀이 흐르는 가나안으로 향했습니다. 그들이 홍해 앞에 이르렀을 때 앞에는 바다요, 뒤에는 바로왕의 군사들이 따라오고 있었습니다. 그들은 죽을 수밖에 없는 상황에 처했습니다. 그때 모세가 바다 위로 손을 내밀자 바람이 불기 시작했습니다. 이 바람은 우리가 경험할 수 있는 종류의 바람이 아닙니다. '특별한' 바람이 홍해 위로 불었고, 물을 가르기 시작 했습니다. 그래서 홍해에 길을 만들었습니다.

또한 마태복음 8장 24절을 보면, 예수님이 제자들과 함께 배를 타고 가시던 중 풍랑을 만나셨습니다. 제자들은 겁이 나서 주무시고 계신 예수님을 깨웠습니다. 그때 예수님은 제자들에게 "믿음이 작은 자들아"(마 8:26)라고 말씀하셨습니다. 이 말씀은 "내가 있는데 왜 두려워하느냐"라는 뜻입니다.

하나님이 계시는데 왜 두려워합니까? 우리만 망하거나 수치를 당하지 않습니다. 하나님이 우리와 함께 계십니다. 두려워하지 마십시오. 놀라지 마십시오. 하나님은 우리의 하나님이십니다. 예수님이 바람과 바다를 꾸짖으시자 놀랍게도 잔잔하게 되었습니다. 그분이 예수님이십니다. 하나님은 바람과 파도를 주관하시는 분입니다.

하나님의 때를 기다림으로 신앙은 성숙한다

> 깊음의 샘과 하늘의 창문이 닫히고 하늘에서 비가 그치매 물이 땅에서 물러가고 점점 물러가서 백오십 일 후에 줄어들고(창 8:2-3).

'깊음의 샘과 하늘의 창문이 닫혔다'는 말은 원위치가 되었다는 뜻입니다. 하나님은 심판을 끝낼 무렵에 모든 것을 원래 위치로 돌리셨습니다. 우리에게 있는 고난이 변하여 복이 되기를 바랍니다. 건강을 잃어버린 사람은 하나님이 더 큰 건강을 주실 것이며, 기업을 잃어버린 사람은 하나님이 더 큰 기업을 주실 것이고, 자녀들 때문에 눈물을 흘린 사람은 하나님이 자녀들 때문에 기쁨의 웃음을 선물해 주실 줄로 믿습니다.

이제 비는 그쳤습니다. 3절을 보면 물이 점점 물러가는 모습을 볼 수 있습니다. 홍수는 갑자기 왔지만, 물은 시간을 두고 서서히 빠졌습니다. 하나님은 어떤 일을 할 때 갑자기 하시기도 하고, 서서히 하시기도 합니다. 그때 우리가 조급해지면 안 됩니다. 하나님이 천천히 가시면 우리도 천천히 가고, 하나님이 빨리 가시면 우리도 빨리 가야 합니다. 그것이 최상의 선택입니다.

하나님이 하시는 일을 믿고 순종하십시오. 방주를 지으라고 하시면 방주를 지으십시오. 내게 이해되고 내가 경험한 배를 지으려고 할 때 사고가 일어납니다. 하나님이 성막을 지으라고 하시면 지어야 합니다. 이보다 더 위대한 복은 없습니다.

물이 천천히 빠지기 시작했습니다. 물이 천천히 빠지는 것은 구원의 삶 속에 나타나는 하나님의 섭리입니다. 예수님은 오늘 믿을 수 있습니다. 그러나 구원의 삶은 평생 걸릴 수 있습니다. 아이가 태어나자마자 걸어다니거나 뛰어다니지 못하듯이 신앙생활도 어느 날 갑자기 이루어지지 않습니다. 하나님은 여러 과정을 통해 우리의 신앙을 단계적으로 성장, 성숙시키십니다. 이것이 신앙생활입니다.

> 일곱째 달 곧 그달 열이렛날에 방주가 아라랏산에 머물렀으며 물이 점점 줄어들어 열째 달 곧 그달 초하룻날에 산들의 봉우리가 보였더라(창 8:4-5).

2월 17일에 홍수가 시작되었고, 7월 17일에 방주가 아라랏산에 머물렀고, 그때부터 물이 빠지기 시작했습니다. '아라랏산'은 원어로 보면 '아라랏의 산들'입니다. 아라랏은 이란, 터키, 러시아 국경에 있는 큰 산줄기입니다. 그 산들 중 한곳에 방주가 머물렀습니다.

시편 104편 4, 6, 8절을 보면 노아의 방주와 관련된 재미있는 표현이 나옵니다. "바람을 자기 사신으로 삼으시고 불꽃으로 자기 사역자를 삼으시며"(4절), "물이 산들 위로 솟아올랐으나"(6절), "산은 오르고 골짜기는 내려갔나이다"(8절)라는 표현이 바로 그것입니다.

노아의 홍수를 과학적으로 기록한다면 책을 몇십 권 써도 부족할 것입니다. 그러나 성경에 있는 짧은 몇 구절 속에 놀라운 영감이 있습니다. 그 속에 환상이 있고, 놀라운 비밀이 있는 것입니다. 말씀을 읽으면 마치 우리가 그 당시로 가서 홍수를 만난 것 같은 상상을 하게 됩니다. 이것이 하나님의 말씀입니다. 또한 우리 중에는 천국에 가 본 사람이 없지만, 우리는 천국에 갔다 온 것보다 더 확실하게 마음에 천국을 이루고 삽니다.

산들이 꺼지고 땅들은 솟아올랐습니다. 창조과학자들은 히말라야, 알프스, 안데스 산맥들은 모두 젊은 산이라고 말합니다. 그리고 이 산들에서 물고기와 조개 등의 화석이 발견되었다고 합니다. 또 아시아에는 섬들로 이루어진 나라들이 많이 있는데, 이것들은 높은 산이 꺼져 봉우리만 남은 것이라고 주장하는 사람도 있습니다. 또 내륙 지방에 물고기 화석들이 많습니다. 이것을 어떻게 증명할 수 있겠습니까? 노아의 홍수라는 역사적 사실만이 그 설명을 가능하게 합니다.

성경 말씀을 일점일획도 틀림없는 하나님의 말씀으로 믿으십시오. 과학으로 성경 말씀을 다 평가할 수 없습니다. 왜냐하면 과학은 미완성이기 때문입니다. 그러나 하나님의 말씀은 영원합니다.

산봉우리가 보이기 시작한 날이 10월 1일이었다고 성경은 말합니다. 홍수가 난 지 7개월 13일째 되는 날이었습니다.

> 사십 일을 지나서 노아가 그 방주에 낸 창문을 열고 까마귀를 내놓으매 까마귀가 물이 땅에서 마르기까지 날아 왕래하였더라(창 8:6-7).

노아는 마음이 조급했던지, 창을 열고 까마귀 한 마리를 내보냈습니다. 그러나 까마귀는 돌아오지 않았습니다.

그가 또 비둘기를 내놓아 지면에서 물이 줄어들었는지를 알고자 하매 온 지면에 물이 있으므로 비둘기가 발붙일 곳을 찾지 못하고 방주로 돌아와 그에게로 오는지라 그가 손을 내밀어 방주 안 자기에게로 받아들이고(창 8:8-9).

노아는 까마귀가 돌아오지 않자 비둘기 한 마리를 내보냈습니다. 비둘기는 돌아다니다가 앉을 곳이 없어서 다시 방주로 돌아왔습니다. 노아는 다시 일주일 후에 비둘기를 내보냈습니다.

또 칠 일을 기다려 다시 비둘기를 방주에서 내놓으매 저녁때에 비둘기가 그에게로 돌아왔는데 그 입에 감람나무 새 잎사귀가 있는지라 이에 노아가 땅에 물이 줄어든 줄을 알았으며(창 8:10-11).

놀랍게도 비둘기는 감람나무 새 잎사귀를 물고 돌아왔습니다. 물이 빠지기 시작했던 것입니다. 그래도 노아는 문밖으로 나가지 않았습니다. 고난은 계속되었습니다. 그러나 사인이 오기 시작했습니다. 물이 빠지고 있었습니다. 할렐루야! 노아는 감람나무 새 잎사귀를 보며 '하나님은 약속을 지키신다', '위기가 떠나가고 있다'라는 생각을 했습니다. 그러나 아직도 온 세상은 물로 덮여 있었습니다.
노아는 일주일 후에 다시 비둘기를 내보냈습니다. 이번에는 비둘기가 돌아오지 않았습니다.

또 칠 일을 기다려 비둘기를 내놓으매 다시는 그에게로 돌아오지
아니하였더라(창 8:12).

비둘기가 돌아오지 않은 이유는 갈 곳이 많았기 때문입니다. 여
기서 특이한 점을 발견하게 됩니다. 이쯤 되면, 보통 사람들이라면
방주 뚜껑을 열고 밖을 내다보았을 것입니다. 그런데 노아는 그렇
게 하지 않았습니다. 여기에 주의를 기울이십시오. 노아는 다시 돌
아오지 않는 비둘기를 보면서도 나가지 않고 계속 기다렸습니다.
조급하게 행동하지 않았습니다. 마음대로 추측하지 않았습니다.
그냥 살기 어려운 방주 안에 가만히 있었습니다.

신앙이란 기다림입니다. 우리가 기도하는 대로 즉시 응답되면
얼마나 좋겠습니까? 그러나 그렇지 않을 때도 많습니다. 그러면
'혹시 내가 기도를 잘못하고 있는 것은 아닐까?', '혹시 하나님이
나를 버리신 것은 아닐까?' 하는 의심이 생깁니다. 이것이 신앙생
활입니다.

예수를 처음 믿을 때는 기쁘고, 놀랍고, 감격이 있습니다. 그러
나 그것만이 신앙생활은 아닙니다. 신앙생활은 현실입니다. 노아
는 방주 안으로 들어갈 때만 해도 감격이 있었을 것입니다. 그러나
방주 안에서 사는 일은 고통 그 자체입니다. 구원은 한순간에 이루
어집니다. 그러나 예수를 닮아 가는 것은 평생이 걸리는 일입니다.

사람들은 기다림을 싫어합니다. 사람들은 예수를 믿으면서 마

치 유토피아 같은 생활을 꿈꿉니다. 그러나 이 같은 환상을 가진 사람이 만족할 수 있는 방법은 죽어서 천국에 가는 것밖에는 없습니다. 그러나 우리가 사는 세상에는 질병과 고통이 있고, 자식 때문에 흘리는 눈물이 있습니다. 이것이 현실입니다.

우리는 우리에게 당한 고난을 빨리 끝내 달라고 합니다. 그러나 하나님은 우리에게 좀 더 기다리라고 하십니다. 고난을 좀 더 겪으라고 하십니다. 매일매일 싫어하는 사람이라 할지라도 함께 살아야 하는 현실에서 살아가는 것이 신앙생활입니다.

예수 믿지 않는 사람이나 예수 믿는 사람이나 동일하게 고난이 있습니다. 그러나 예수 믿는 사람의 고난에는 하나님이 함께 계십니다. 이것이 다릅니다. 우리에게는 하나님이 계시고, 하나님의 약속이 있습니다. 또 우리에게는 믿음이 있습니다. 구원은 은혜이지만, 삶은 믿음으로 이루어집니다. 이런 신앙의 현실을 이해할 수 있기를 바랍니다.

우리도 기다려야 하지만 하나님도 기다리셨습니다. 하나님은 물을 한꺼번에 빼실 수도 있었습니다. 그러나 물이 빠지는 데 1년이 걸렸습니다. 그래서 노아는 방주에서 나올 수 없었습니다. 하나님보다 앞서지 마십시오. 노아의 위대함이 여기에 있습니다.

노아는 방주에 들어갈 때 하나님이 들어가라고 말씀하셨기 때문에 들어갔습니다. 그러나 하나님이 까마귀나 비둘기를 내보내라고 하신 적은 없습니다. 그렇다면 이것은 노아가 보낸 것입니다.

구원은 은혜입니다. 그러나 구원의 삶을 살 때에는 하나님이 주신 지혜로 생각하고, 고민하고, 탐색하고, 움직여야 합니다. '하나님 이 다 해 주시겠지' 하며 기다리는 것이 아닙니다.

너무나 많은 사람이 감나무 밑에서 감이 떨어지기만을 바라는 신앙생활을 하고 있습니다. 내가 할 일은 하지 않으면서 하나님께 모든 것을 해 달라고 요구합니다. 하나님은 우리의 종이 아니십니 다. 오히려 우리가 하나님의 종이 되어야 합니다.

> 육백일 년 첫째 달 곧 그달 초하룻날에 땅 위에서 물이 걷힌지라 노 아가 방주 뚜껑을 제치고 본즉 지면에서 물이 걷혔더니(창 8:13).

해가 바뀌었습니다. 물이 걷혔을 때에야 비로소 노아는 방주의 뚜껑을 제치고 확인했습니다. 그렇지만 여전히 노아는 방주 안에 있었습니다. 하나님이 아무런 말씀을 하시지 않았기 때문입니다.

> 둘째 달 스무이렛날에 땅이 말랐더라(창 8:14).

우리가 보기에는 방주 밖으로 나와도 될 것같이 느껴집니다. 그 러나 하나님의 때가 있습니다. 이것을 이해하는 것이 믿음의 삶입 니다. 불평하거나 원망하지 마십시오. 하나님은 보이지 않지만 살 아 계십니다. 우리 한 사람, 한 사람을 기억하고 계십니다. 하나님은 시간을 재고 계십니다. 때가 되면 하나님이 만사형통하게 해 주실 줄로 믿습니다.

10

대홍수의 심판 너머
구원자를 바라봅니다

창세기 8:15-22

신앙은 성숙을 위한 기다림이다

비는 노아가 600세 되던 해 2월 17일부터 40일 동안 내렸습니다. 그리고 150일 동안 물이 불어났습니다. 노아와 가족들과 동물들을 실은 방주는 아라랏산 중턱에 걸렸습니다. 이 장에서는 그 이후의 이야기를 살펴보겠습니다.

> 육백일 년 첫째 달 곧 그달 초하룻날에 땅 위에서 물이 걷힌지라 노아가 방주 뚜껑을 제치고 본즉 지면에서 물이 걷혔더니 둘째 달 스무이렛날에 땅이 말랐더라(창 8:13-14).

601년 정월 1일에 땅에서 물이 다 빠졌습니다. 노아는 그때 방주의 뚜껑을 열고 밖의 상황을 살펴보았지만, 놀랍게도 방주 밖으로 나오지는 않았습니다. 그는 또 기다렸습니다. 601년 2월 27일, 홍수가 난 지 1년 10일 되던 날입니다. 이제 땅이 다 말랐습니다. 그때 노아는 하나님의 음성을 들었습니다.

노아의 방주 사건은 우리의 구원 사건과 아주 비슷합니다. 단순히, 홍수가 났는데 방주로 피해 살아났다면 무슨 의미가 있겠습니까? 방주 사건은 지금 우리에게 일어난 구원만이 아니라 미래의 대심판과도 관계가 있습니다. 따라서 우리는 노아의 방주 사건을 통해 미래에 우리에게 어떤 구원이 이루어질 것인가를 알 수 있습니다.

방주로 들어가는 것은 우리가 구원받는 것과 밀접합니다. 하나님은 노아에게 120년 전에 방주를 만들라고 명령하셨습니다. 노아는 방주를 만드는 것이 어떤 의미가 있는지, 방주가 왜 지어져야 하는지 전혀 알지 못했지만 순종했습니다. 그리고 방주가 다 지어진 후에 하나님은 노아에게 방주 안으로 들어가라고 말씀하셨습니다. 그때도 노아는 순종했습니다. 그의 가족들과 짐승들도 방주 안으로 들어갔습니다. 다 들어가고 방주의 문이 닫힌 바로 그 순간부터 비가 오기 시작했습니다.

우리가 받은 구원도 마찬가지입니다. 구원을 받는 데는 오랜 시간이 필요하지 않습니다. 예수님을 믿기로 작정한 바로 그 순간에 하나님의 구원이 우리 안에서 이루어지며, 우리의 이름이 하나님의 생명책에 기록됩니다. 그러나 구원받은 이후의 삶은 구원받기 전과는 다릅니다. 구원받는 순간에는 놀라운 감격이 따르지만 예수님을 믿은 후에는 고통스러운 삶이 시작됩니다. 그것이 방주 안에서의 삶입니다.

우리는 예수를 믿지만 아직도 옛 사람의 모습을 그대로 간직하고 있습니다. 옛 사람의 문화, 사고방식, 가치관, 나쁜 습관과 성격을 여전히 가지고 있습니다. 그러면서 단지 예수님만 믿을 뿐입니다. 따라서 하나님은 나를 고치기 원하십니다. 이것이 방주 안에서의 삶입니다.

방주 안에서 사는 것은 구원의 삶입니다. 그러나 방주 안에서의 삶이 구원의 완성은 아닙니다. 만약 방주 안에서 죽을 때까지 살아야 한다면 그곳은 지옥과 같을 것입니다. 방주 안에서의 삶은 구원의 과정일 뿐 완성은 아닙니다. 구원의 완성은 방주에서 나오는 것입니다. 하나님은 우리를 사랑하시기 때문에 방주에 들어가라고 말씀하십니다. 심판 때 방주에 들어가지 않은 사람은 다 죽을 것입니다. 말세 때 예수 그리스도를 피하는 자는 다 죽을 것입니다.

그리고 하나님은 우리에게 방주 안에서 영원히 살라고 하시지 않습니다. 한 1년만 살라고 하십니다. 아무것도 보이지 않는 그곳에서 예배드리며, 하나님을 기억하며, 우리 자신을 성숙시켜야 합니다. 이 과정이 끝나면 하나님은 방주 밖으로 나오라고 명령하십니다.

노아가 방주 안에 있던 1년 동안 하나님도 기다리시고 노아도 기다렸습니다. 신앙이란 기다림입니다. 조급한 사람은 신앙을 갖기 어렵습니다. 무엇이든지 한꺼번에 다 이루어지기를 바라면 아무것도 얻지 못합니다. 임신한 그다음 날 출산하지는 않습니다. 열 달을 기다려야만 성숙하고 건강한 아이가 태어납니다. 마찬가지로 신앙이란 성숙을 위한 기다림이라고 할 수 있습니다.

신앙은 때를 기다릴 줄 아는 것입니다. 또한 그때를 바라볼 줄도 알아야 합니다. 때를 기다리는 가운데 절망하기도 하지만 그 절망감을 이기고 기다려야 합니다. 이것이 바로 신앙입니다. 하나님은 언제나 적절하고 성숙한 때를 아십니다. 그리고 하나님은 서두르시지 않고 그때를 기다리십니다.

우리에게도 기다리는 지혜가 있기를 바랍니다. 기다림이 신앙의 핵심입니다. 때가 차면 하나님이 나오라고 말씀하십니다.

> 하나님이 노아에게 말씀하여 이르시되 너는 네 아내와 네 아들들과 네 며느리들과 함께 방주에서 나오고 너와 함께한 모든 혈육 있는 생물 곧 새와 가축과 땅에 기는 모든 것을 다 이끌어 내라 이것들이 땅에서 생육하고 땅에서 번성하리라 하시매(창 8:15-17).

방주는 임시방편입니다. 세상과 광야는 모두 일시적입니다. 때가 되면 밖으로 나와야 합니다. 광야와 방주는 우리의 목표가 아니라 과정일 뿐입니다. 세상은 지나가는 정거장에 불과할 뿐입니다. 여기에 너무 힘을 쓰지 않기를 바랍니다.

여기서 우리는 노아가 하나님보다 결코 앞서지 않았다는 사실을 발견할 수 있습니다. 노아는 밖으로 나가고 싶었지만 참았습니다. 이것이 바로 신앙입니다. 내가 마음대로 하고 싶지만 그렇게 하지 않는 것이 신앙입니다. 행동하고 싶지만 기다리는 것이 신앙입니다. 노아는 방주의 뚜껑을 열어 보고, 까마귀와 비둘기를 내보내고, 자신이 고개를 내밀어 보기도 했지만 방주 밖으로 나가지는 않았습니다.

하나님보다 먼저 함부로 움직이지 마십시오. 하나님의 음성을 듣고 움직이십시오. 마음대로 움직이면 사고가 날 것입니다. 그러나 하나님의 음성을 듣고 움직이면 아름다운 열매를 맺고 복이 있을 것입니다.

하나님은 왜 노아와 가족들과 짐승들에게 때가 되었을 때 방주에서 나오라고 하셨을까요? 17절 하반 절에 그 해답이 있습니다. "땅에서 생육하고 땅에서 번성하리라"라는 말씀 때문입니다. 이 말씀은 아담과 하와에게 죄가 없었을 때 하나님이 그들을 향해서 주신 복의 메시지입니다. 생육하고, 번성하고, 땅에 충만한 것이 바로 하나님이 주신 복의 원리입니다. 하나님은 에덴동산에서 베푸신 복을 노아의 홍수가 끝난 뒤에 다시 주셨습니다.

이 말씀은 매우 재미있습니다. 만약 방주 안에서 출산이 있었다면 매우 혼잡하지 않았겠습니까? 아마도 방주 안에서는 출산이 없었을 것입니다. 밖으로 나와서야 비로소 해산하고, 생육하고, 번성하는 일이 일어났을 것입니다. 참으로 놀라운 것은 방주 안에서는 아프거나 죽는 일도 없었다는 것입니다. 방주 안에 있는 사람은 불 속이라도, 물 속이라도, 사자의 입 속이라도 한 사람도 죽지 않고 살아납니다. 하나님이 함께하시면 살게 되는 것입니다.

폐허뿐인 방주 밖 세상에서 가장 먼저 할 일은 예배

하나님의 음성이 있기 전까지 노아는 움직이지 않았습니다. 미리 짐작해서 행동하지 않았습니다. 그러므로 우리도 어떠한 일이 완성되지 않았을 때 염려하지 말아야 합니다. 1년 후 혹은 2년 후 어떤 일이 일어날지 우리는 전혀 알 수가 없습니다. 지금까지 우리나라 정치 상황을 보십시오. 지도자들이 권력을 가지고 세도를 부렸지만 그 말로가 어떠했습니까? 앞으로 5년 후에 어떤 일이 일어날지는 아무도 모릅니다. 하나님 안에 있는 것을 감사하십시오. 역사는 하나님의 손안에 있습니다.

> 노아가 그 아들들과 그의 아내와 그 며느리들과 함께 나왔고 땅 위의 동물 곧 모든 짐승과 모든 기는 것과 모든 새도 그 종류대로 방주에서 나왔더라(창 8:18-19).

방주 안에는 이제 더 이상 아무것도 남지 않았습니다. 모든 생명체가 다 나왔습니다. 그러나 만약 방주 안에 있던 사람들이나 동물들이 밖으로 나가기를 거부했다면 어떻게 되었을까요? 그들은 복을 받지도, 땅을 보지도 못했을 것입니다.

방주 안에 있는 동안 한 사람도, 한 마리의 짐승도 병들거나 죽지 않았고, 또 그 누구도 예외 없이 방주 밖으로 나왔다는 사실을 주목하십시오. 그리고 그다음 단계를 생각해 보십시오. 모든 사람이 방주 밖으로 나왔을 때 그들이 경험한 세상은 어떠했겠습니까? 그 땅은 결코 환상의 도시가 아니었을 것입니다. 1년간 물에 잠겼던 도시가 물이 다 빠진 후에 어떤 모습이었을까요? 아마도 폐허 그 자체였을 것입니다. 노아와 가족들, 동물들이 나왔을 때 그들은 모두 기가 막혔을 것입니다.

> 노아가 여호와께 제단을 쌓고 모든 정결한 짐승과 모든 정결한 새 중에서 제물을 취하여 번제로 제단에 드렸더니(창 8:20).

그런데 우리는 성경에서 굉장히 놀라운 사실을 발견하게 됩니다. 방주에서 나온 노아가 먼저 생존을 위해서 먹을 것을 찾거나, 집을 짓거나, 생계를 유지하는 방법을 찾지 않았다는 것입니다. 노아가 폐허가 된 땅에서 처음 행한 일은 제사였습니다. 제사란 '하나님을 기억하는 것'입니다. 하나님께 찬양과 기쁨과 감사와 모든 영광을 돌려 드리는 것입니다. 제사는 홍수 이후에 노아가 행한 최초의 사건이었습니다.

그렇다면 왜 노아는 제사를 드렸을까요? 제사에는 두 가지 제사, 즉 가인의 제사와 아벨의 제사가 있습니다. 하나님은 가인의 제사는 받으시지 않았지만, 아벨의 제사는 받으셨습니다. 가인은 제사를 드리지 않은 후부터 여호와의 이름을 부르지 않았습니다. 그것이 노아의 홍수 때 심판받은 모든 백성의 모습이었습니다. 그러나 아벨은 계속해서 피의 제사를 하나님께 드렸습니다.

제사를 드리면 하나님이 우리에게 임하십니다. 우리가 복 받는 최대의 비결은 하나님을 우리가 있는 자리에 모시는 것입니다. 우리가 감사와 찬양을 하나님께 올려 드리는 산 예배를 드리면 하나님은 우리가 드리는 그 예배를 받으시기 위해 오십니다. 복 중의 복은 바로 우리의 삶 가운데 하나님이 오시는 것입니다. 하나님이 오셨다는 것은 마귀가 떠났다는 것을 뜻합니다. 더러움이 떠나고, 질병이 나가는 것입니다. 하나님과 마귀는 공존할 수 없기 때문입니다. 그리고 하나님의 임재는 우리가 예배드리는 그곳에서 일어납니다.

제게는 예배와 관련해 아버님과의 기억이 있습니다. 아버님은 피난을 나와서는 하루에 두 번씩 예배를 드리셨습니다. 그 두 번의 예배가 어린 저에게는 너무 힘들고 부담스러웠습니다. 그러나 목사가 된 후 돌이켜 보니 부모님의 신앙이 매우 위대했다는 것을 깨닫게 됩니다. 하루 두 번의 가정 예배가 바로 복의 비결이었기 때문입니다. 가정에 꼭 제단을 쌓으십시오. 교회에서 예배드리는 것에 만족하지 마십시오. 매일 가정에서 부모님이 자녀들과 함께 성경책을 펴 들고 찬송가를 부르며 기도할 때마다 그 예배를 받으시는 하나님이 그 자리에 오십니다.

노아는 이 비밀을 알고 있었습니다. 자녀를 위한 부모의 최고의 선물은 예배입니다. 예배드리는 습관을 들여 주십시오. 주일이면 어떤 일이 있어도 교회에 가서 예배를 드리고, 매일 가정에서 제단을 쌓는 것은 그 어떤 것보다 큰 복입니다. 예배드리는 가정에게는 하나님이 반드시 복을 주십니다.

예배를 드리면 하나님이 우리 가운데 임하시고, 우리에게 기름을 부어 주시고, 복을 주십니다. 노아는 이렇게 하나님을 기쁘시게 했습니다. 노아는 인생의 본질이 무엇인지를 알고 있었기에 자신의 삶을 드리며 하나님을 예배했던 것입니다.

영원한 속죄를 이루신 예수 그리스도의 피를 바라보라

하나님은 방주에서 나온 노아가 하나님께 드린 제사를 기쁘게 받으셨습니다.

> 여호와께서 그 향기를 받으시고 그 중심에 이르시되 내가 다시는 사람으로 말미암아 땅을 저주하지 아니하리니 이는 사람의 마음이 계획하는 바가 어려서부터 악함이라 내가 전에 행한 것같이 모든 생물을 다시 멸하지 아니하리니(창 8:21).

예배는 응답됩니다. 하나님은 예배드리는 자를 기뻐하십니다. 하나님이 찾으시는 사람은 목사나 장로, 집사라는 직분자가 아니라 예배자입니다. 하나님은 영과 진리로 예배드리는 사람에게 무조건 복을 주십니다.

이 말씀을 보면, 노아가 예배드릴 때 하나님이 그 향기를 받으셨다고 말합니다. 하나님은 즉각 그 예배를 받으시든지, 받으시지 않든지 하십니다. 우리가 예배드리는 바로 그때 하나님은 그 예배를 받으십니다. 일주일이나 한 달 후에 받으시는 것이 아닙니다. 하나님의 복은 바로 지금 오는 것입니다.

찌꺼기같이 남는 시간을 하나님께 가져오지 마십시오. 시간이 남아서 하나님께 오는 것은 신앙이 아닙니다. 24시간 중 가장 소중한 시간을 드리는 것이 예배입니다. 바쁘다는 것은 마음이 없다는 핑계요, 하나님에 대한 관심이 없다는 의미입니다. 사람은 자신이 소중히 여기는 일에는 결코 바쁘다는 변명을 하지 않습니다. 연애하는 사람은 바쁘다는 핑계를 대지 않습니다. 돈 버는 일을 바쁘다며 마다하는 사람을 본 적이 없습니다.

물론 학교도, 사업도 중요합니다. 그러나 그것이 하나님보다 더 중요할 수는 없습니다. 저는 우리가 가정과 직장에서, 길거리를 다니면서도 영과 진리로 하나님께 예배드리기를 바랍니다. 하나님 우선주의의 복이 우리의 삶 속에 있기를 간절히 기도합니다.

21절 중반 절을 보면, 하나님은 심판 후에 노아의 제사를 받으시고 생각을 바꾸셨습니다. "내가 다시는 사람으로 말미암아 땅을 저주하지 아니하리니"라고 말씀하셨습니다. 이것이 바로 예배의 복이요, 능력입니다. 예배는 하나님의 마음까지 바꾸는 것입니다.

우리가 드리는 예배가 이토록 위대합니다.

이어서 매우 중요한 말씀이 나옵니다. "사람의 마음이 계획하는 바가 어려서부터 악함이라." 우리는 이 말씀에서 깊은 메시지를 발견하게 됩니다. 죄로 인해 대홍수의 심판이 왔지만, 홍수의 심판도 죄를 없이하지는 못했다는 것입니다. 우리의 죄를 없이하실 수 있는 분은 갈보리 언덕에서 우리를 위해 피 흘리고 돌아가신 예수님뿐입니다. 죄인들을 법으로 처벌하면 세상이 좋아질까요? 사정의 칼날을 휘두르면 세상이 나아질까요? 죄인을 감옥에 넣으면 세상이 변할까요? 아무것도 달라지지 않습니다. 혼을 내고 심판을 한다고 해도 죄는 그대로입니다.

자녀를 혼내고 야단친다고 해서 변화되는 것이 아닙니다. 사랑해야 변합니다. 예수 그리스도를 믿어야 세상이 변합니다. 예수 그리스도의 보혈만이 죄를 없애 줍니다. 다른 것으로는 죄를 없이할 수 없습니다. 그래서 노아는 피의 제사를 드리면서 예수 그리스도를 바라보았을 것입니다. 언젠가는 우리 죄를 위해 영원한 속죄를 이루실 예수 그리스도의 피를 바라보면서 계속해서 제사를 드렸을 것입니다.

그렇다면 우리는 이런 질문을 할 수 있습니다. "약 2,000년 전에 죽은 예수의 피가 어떻게 내 죄와 인류의 죄를 사할 수 있는가?" 그것은 두 가지 이유 때문에 가능합니다.

첫째, 죄인은 죄인을 용서할 수 없고, 하나님만이 인간을 구원하실 수 있다는 사실 때문입니다. 많은 자유주의 신학자들이 말하는 것처럼, 예수가 하나님의 아들이 아니라 평범한 인간이었고 4대 성자 중 한 사람에 불과했다면, 그는 우리의 구원자가 될 수 없습니다. 왜냐하면 예수는 자신의 죗값으로 죽어야 하기 때문입니다. 그러나 예수는 인간의 몸을 입으셨지만 하나님의 아들이시요, 죄인이 아니시기에 노아의 홍수로도 없앨 수 없었던 우리의 죄를 용서하실 수 있습니다.

둘째, 예수가 하나님이시라는 사실만으로는 우리의 죄를 용서하고, 또 우리를 구원할 수 없기 때문입니다. 죄의 삯은 사망입니다. 따라서 죄를 씻기 위해서는 누군가가 죽어야 합니다. 죽음이 없이는 죄를 없이할 수 없습니다. 누군가가 우리를 위해서 죽어야 우리의 죄가 없어지는 것입니다.

성경에서는 죽음을 '피 흘림'이라고 말합니다. 구약의 개념에서 피 흘림은 곧 죽음을 의미합니다. 누군가가 대신 죽어야만 죄가 없어지는 것입니다. 죄를 없이하려면 두 가지 요소가 만족되어야 합니다. 먼저, 죄인이 아니어야 합니다. 인간은 스스로 죄를 용서할 수 없습니다. 인간 자신이 죄인이기 때문입니다. 그러므로 인간의 몸을 가지고 계시지만 그 본질은 하나님이신 예수님이 오셔야 했습니다. 또한 피 흘림이 있어야 합니다. 그래서 하나님은 예수님을 죽게 하셨습니다. 공의의 하나님은 예수 그리스도의 죽음을 통해서 우리의 죄를 용서하셨습니다. 예수 그리스도의 피 흘림으로 말미암아 우리를 구원하시고 우리의 죄를 씻어 주셨습니다. 이것이 바로 제사입니다.

이러한 이유로 모든 제사의 본질에는 피가 있습니다. 구약에서는 짐승을 죽임으로써 피를 흘렸지만, 신약에서는 예수 그리스도가 단번에 우리의 모든 죄를 위해 십자가에 못 박혀 돌아가심으로써 우리의 모든 죄가 영원히 용서받았습니다.

우리는 대홍수의 심판을 바라보지 말고 예수님을 바라보기 바랍니다. 우리의 초점은 예수 그리스도께 있어야 합니다. 예수 그리스도를 바라볼 때 예배가 있고, 죄 사함이 있고, 하나님의 놀라운 복이 임하고, 회복이 일어납니다.

> 땅이 있을 동안에는 심음과 거둠과 추위와 더위와 여름과 겨울과 낮과 밤이 쉬지 아니하리라(창 8:22).

노아의 홍수 이전 세상은 완벽했습니다. 그러나 홍수가 일어난 후 사계절이 생겼고, 남극과 북극이 존재하게 되었습니다. 이 세상에는 지각 변동이 일어났고, 자연 재앙이 시작되었습니다.

인간이 하나님 앞에서 죄를 지었을 때 하와에게 내려진 최초의 형벌은 해산하는 고통과 남자를 사모하는 고통이었습니다. 남자에게는 땅이 엉겅퀴를 낼 것이며, 이마에 땀을 흘려야 먹을 것을 얻을 수 있고, 결국 흙으로 돌아간다고 말씀하셨습니다. 그러나 노아의 홍수 이후에 더 심각한 형벌이 임했습니다. 그것은 자연 재앙이었습니다.

이 지구상에는 자연 재앙이 있습니다. 하나님은 처음부터 화산과 지진과 해일과 엘니뇨 현상을 만드시지 않았습니다. 인간이 죄를 지은 후에 내려진 하나님의 형벌이 바로 자연 재앙입니다. 그러나 걱정하지 마십시오. 이 세상은 오래가지 않습니다. 우리의 인생도 마찬가지입니다. 때가 되면 우리는 땅으로 돌아갈 것이고, 그 후에는 심판이 따를 것입니다.

구원은 오직 예수 그리스도로부터 기인합니다. 그분은 우리를 마지막 불의 대심판에서 건져 주실 것입니다. 누구든지 예수 그리스도를 믿는 자에게는 구원이 있을 것입니다. "주 예수를 믿으라 그리하면 너와 네 집이 구원을 받으리라"(행 16:31)라는 말씀을 기억하십시오.

노아의 대홍수 후에 하나님이 노아에게 새로운 삶을 시작하게 하셨다는 사실을 기억하십시오. 노아의 방주 안에서 나오기 바랍니다. 그리고 나오자마자 예배를 드리십시오. 그때 우리 앞에 새로운 약속의 세계가 무지개와 함께 펼쳐질 것입니다.

예수 그리스도를 믿어야 세상이 변합니다. 예수 그리스도의 보혈만이 죄를 없애 줍니다. 다른 것으로는 죄를 없이할 수 없습니다. 그래서 노아는 피의 제사를 드리면서 예수 그리스도를 바라보았을 것입니다. 언젠가는 우리 죄를 위해 영원한 속죄를 이루실 예수 그리스도의 피를 바라보면서 계속해서 제사를 드렸을 것입니다.

3부

무지개와 하나님의 언약

창세기 9:1-12:1

노아 시대에는 언약의 증거가 무지개였습니다.
신약 시대에는 예수 그리스도의 십자가가 있습니다.
구약의 무지개가 노아와 가족들에게 평안을 주었던 것처럼,
예수 그리스도가 나를 위해 십자가에서 피 흘려 돌아가신 사건이
마귀를 쫓아내며, 음부의 세력을 몰아내며, 병을 물리치며,
염려와 근심과 걱정을 내게서 다 떠나게 할 줄로 믿습니다.

11

폐허 같은 세상에서
어떻게 살아야 합니까?

창세기 9:1-7

참혹한 현실에서 참된 예배만이 살길이다

드디어 대홍수의 심판이 끝났습니다. 물이 모두 빠졌고, 이제 땅은 정상이 되었습니다. 하나님은 노아와 가족들과 동물들에게 밖으로 나가라고 명령하셨습니다. 얼마나 기쁜 날이었겠습니까? 비가 그쳤고, 지겹던 방주에서의 삶도 끝났습니다. 방주는 꼭 필요한 곳이지만, 영원히 머물러 있을 곳은 아닙니다. 광야도, 세상도 우리가 있어야 할 곳이지만 영원히 머물러 있을 곳은 아닙니다.

그러나 노아와 가족들과 동물들이 방주에서 나와 땅을 밟은 순간 경험하고 목격한 광경은 무섭도록 참혹한 폐허였습니다. 생각해 보십시오. 지구상에 존재하는 모든 것이 무려 1년 동안 물에 잠겨 있었습니다. 남아 있는 것이나 쓸 만한 것은 하나도 없었을 것입니다. 이것이 방주에서 1년 만에 나온 노아가 부딪힌 현실입니다.

우리는 가끔 기대를 가지고 세상으로 나갑니다. 그러나 세상은 장밋빛을 내는 황홀한 곳이 아닙니다. 현실을 알면 알수록, 세상을 알면 알수록 현실과 세상은 참혹하다는 사실을 우리는 깨닫게 됩니다. 대홍수의 심판은 생각보다 더 비참했습니다. 무서울 정도로 비참한 폐허였습니다. 이 기막힌 절망과 폐허 속에서 노아가 생각한 것은 무엇입니까?

노아가 여호와께 제단을 쌓고 모든 정결한 짐승과 모든 정결한 새 중에서 제물을 취하여 번제로 제단에 드렸더니(창 8:20).

노아는 제사를 선택했습니다. 캄캄한 절망을 경험할 때, 사방으로 욱여쌈을 당하고 더 이상 나아갈 길을 잃었을 때 사람은 하나님을 바라보게 되어 있습니다. 물론 그전에도 하나님께 나아가지 않은 것은 아닙니다. 교회도 다니고, 하나님도 믿었습니다. 그러나 그것과 절망적인 상황은 다릅니다. 암에 걸려 죽게 되었을 때, 회사가 부도 직전에 있을 때, 집을 잃고 길거리로 쫓겨났을 때 예수님을 믿는 것은 다른 문제입니다.

요즘은 달라졌지만, 예전에는 군대에 들어간 신병들은 대개 하늘과 땅을 혼돈할 만큼 매를 맞으면서 일주일을 보냈습니다. 그러고 나서 맞이하는 첫 주일날, 예수 믿는 사람들끼리 모여 교회 갈 때 '교회'라는 말만 들어도 감동이 일어납니다. 그리고 교회 건물만 봐도 눈물이 납니다. 딱딱한 의자에 앉으면 눈물을 뚝뚝 흘리면서 감동의 예배를 드립니다. 이 예배는 그전에 드렸던 예배와 너무나 다른 것입니다. 이 예배는 그전에 잘못 드렸던 예배에 대해서도 회개하게 합니다. 노아가 드린 예배가 바로 그런 예배였습니다.

1년 동안 세상은 물에 잠겨 있었습니다. 방주 밖으로 나온 노아의 가족들은 폐허가 된 이 땅 위에서 하나님 외에는 생각할 것이 없었습니다. 그래서 하나님을 생각하며 정결한 짐승을 잡아 정성

스럽게 제단을 쌓았습니다. 진실함과 전심으로 드리는 예배, 그것이 바로 노아가 드린 예배였습니다.

예배는 그저 왔다 갔다 하면서 습관적으로 드려서는 안 됩니다. 예배는 내 삶의 현장에서 하나님과의 진지한 만남입니다. 오늘날 교회는 많지만 세상에 영향력을 미치지 못하는 이유는 진정한 예배가 없기 때문입니다. 형식적이고, 교리적이고, 교파적인 예배가 있을 뿐이기 때문에 자신도, 세상도 변하지 않는 것입니다. 그러나 노아가 드렸던 예배는 그렇지 않았습니다. 그는 기막힌 심정을 가지고 "하나님, 이 세상을 보십니까? 저는 어떻게 살아야 합니까? 앞으로 저는 무엇을 해야 합니까?"라고 기도했을 것입니다.

절박한 예배가 하나님의 마음을 바꾸고 세상을 변화시킨다

진정한 예배는 죽음 앞에 서 있는 듯한 절박한 심정으로 하나님께 드리는 것입니다. 그런 예배는 자신을 변화시키고, 하나님을 감동시킵니다. 그뿐만 아니라 그런 예배가 세상을 변화시킵니다.

우리 민족은 피난 시절에 울부짖으며 성경책을 안고 엎드려 기도했습니다. 저는 아버님 손을 붙잡고, 어머님 품에 안겨서 피난을 나온 세대입니다. 그래서 전쟁 상황을 어렴풋이 기억합니다. 아버님은 예수 믿는 가정의 장로였고, 어머님은 집사였기 때문에 우리 가족은 신앙 중심으로 살았습니다. 우리 가정은 선교사 댁의 한 움막에서 피난살이를 했습니다. 한 끼라도 먹을 수 있으면 행복했습니다. 저도 형님과 함께 떡을 팔아야 했습니다. 지친 몸으로 집에 돌아와 찬송하며 예배를 드리면 그렇게 눈물이 났습니다. 글자 그대로 눈물의 예배였습니다. 감격적인 예배였습니다. 이것이 예배입니다. 그때 우리의 마음은 가난했고, 순수했고, 진실했습니다.

우리나라는 보릿고개를 넘기면서 가난을 경험했습니다. 놀라운 사실은 이 어려움 속에서 한국 교회에 가장 큰 부흥이 일어났다는 것입니다. 교회 성장은 깡통을 들고, 주먹밥을 먹으며, 천막을 치고 살아야 했던 그때 가장 크게 일어났습니다. 사람들의 마음은 하나님을 향했고, 교회로 물밀 듯이 사람들이 몰려들었습니다.

사람들의 마음이 하나님을 향하자 하나님이 우리에게 복을 주셨습니다. 1980년대를 넘어오면서 올림픽을 개최했고 1990년대를 맞이했습니다. 우리나라는 경제적으로 부흥하게 되었습니다. 그런데 그것이 도리어 화가 되었습니다. 오늘날은 교회 성장률이 0%입니다. 심지어 마이너스 성장을 하고 있을 정도로 한국 교회는 힘을 잃어 가고 있습니다.

이것은 교만과 사치와 오만 때문입니다. 하나님 없이도 잘 살 수 있다는 생각이 잘못되고, 오만하고, 형식적인 예배를 드리게 했습니다. 결국 이 나라는 1997년 IMF 경제 위기를 맞이했습니다. 처음 경제 위기를 맞았을 때는 두려워하지 않았지만, 실직자가 생기고 상황이 심각해지자 사람들이 정신을 차리기 시작했습니다. 지금이야말로 집중해서 전심으로 하나님을 찾고 예배할 때인 줄 믿게 된 것입니다. 예배하면 회생합니다. 하나님을 찾으면 살게 됩니다. 가난과 환경은 문제가 되지 않습니다. 저는 하나님이 우리에게 이런 기회를 주셨음에도 불구하고 이 기회를 선용하지 못한다면 1960–1970년대의 상황으로 돌아가는 것이 아니라 6·25전쟁과 같은 상황을 맞이할지도 모른다는 생각을 합니다.

하나님은 우리를 사랑하십니다. 그래서 우리를 찾으시고, 버리시지 않습니다. 하나님은 사치스러운 예배를 원하시지 않습니다. 오직 진실하고 간절한 예배를 원하십니다. 노아가 방주에서 나왔을 때 그 기막혔을 심정을 우리는 이해할 수 있습니다.

> 여호와께서 그 향기를 받으시고 그 중심에 이르시되 내가 다시는 사람으로 말미암아 땅을 저주하지 아니하리니 이는 사람의 마음이 계획하는 바가 어려서부터 악함이라 내가 전에 행한 것같이 모든 생물을 다시 멸하지 아니하리니(창 8:21).

노아가 하나님 앞에 간절히 예배를 드렸을 때 하나님이 찾아오셨습니다. 예배는 하나님의 임재를 의미합니다. 우리가 생명을 걸고 진실하고 마음이 가난한 예배를 드리면 하나님이 오십니다. 그러나 우리가 예배를 드리지 않거나, 예배를 드린다 할지라도 형식적으로 드리는 예배에는 하나님이 오시지 않습니다.

이 말씀을 통해 우리의 예배가 하나님의 마음을 바꿀 수 있다는 사실을 발견하게 됩니다. 이 땅을 심판하셨던 하나님은 예배를 받으신 후 "내가 전에 행한 것같이 모든 생물을 다시 멸하지 아니하리니"라고 말씀하셨습니다. 이렇듯 참된 예배는 예배자를 바꿀 뿐 아니라 하나님의 마음까지도 바꿉니다. 또한 참된 예배는 세상을 변화시킵니다. 구경하듯 예배드리지 마십시오. 우리의 예배가 성령이 함께하시는 예배, 영과 진리로 드리는 예배이기를 바랍니다.

하나님은 노아에게 복을 주기로 결정하셨습니다.

> 하나님이 노아와 그 아들들에게 복을 주시며 그들에게 이르시되 생육하고 번성하여 땅에 충만하라(창 9:1).

이 말씀에서 하나님이 노아에게 복을 주겠다고 약속하시는 장면을 보게 됩니다. 하나님이 주신 복이 3가지로 표현되어 있습니다. 즉 생육하는 복, 번성하는 복, 땅에 충만한 복입니다.

하나님은 인간을 만드실 때 저주받도록 창조하시지 않았습니다. 가난하고 불행하도록 만드신 것도 아닙니다. 하나님은 서로 교제하며 사랑을 나누시기 위해 인간을 창조하셨습니다. 인간은 복받게 되어 있는 존재입니다. 그러므로 우리가 복을 누리지 않는 것은 잘못입니다. 우리가 예수 믿고 복 받기를 바랍니다. 나라와 민족과 전 세계가 예수 이름으로 복을 받는 것은 당연한 일입니다.

어떤 사람들은 저주받기 위해 태어난 것처럼 불행하게 살아갑니다. 그러나 우리는 복을 받기 위해 세상에 태어났습니다.

하나님은 세상을 창조하시고 창세기 1장 28절에서 아담과 하와에게 "생육하고 번성하여 땅에 충만하라, 땅을 정복하라, 바다의 물고기와 하늘의 새와 땅에 움직이는 모든 생물을 다스리라"라고 말씀하셨습니다. 우리가 받을 복은 당연한 것입니다. 그럼에도 불구하고 인간은 복을 잃어버렸습니다.

창세기 9장 1절은 하나님이 창세기 1장 28절에서 하신 약속을 확인해 주신 것입니다. 하나님이 이 약속을 다시 하신 이유는 비록 땅이 심판을 받아 노아와 가족들만 남았지만, 아담과 하와에게 주셨던 창조의 복을 잊지 않고 말씀 그대로 줄 것을 확신시켜 주시기 위해서였습니다. 즉 "나는 너를 잊지 않았다. 내 약속은 신실하고 변함이 없다. 안심하고 나를 신뢰하라"라는 뜻입니다. 인간은 사탄 때문에 타락했지만, 그럼에도 불구하고 이 복은 계속됩니다.

노아가 받은 복, 영광스러운 하나님 나라를 대망하며 사는 삶
그러면 우리는 하나님이 창세기 1장에서 말씀하신 복과 9장에서 말씀하신 복이 어떤 차이가 있는지를 질문하게 됩니다.

땅의 모든 짐승과 공중의 모든 새와 땅에 기는 모든 것과 바다의 모든 물고기가 너희를 두려워하며 너희를 무서워하리니 이것들은 너희의 손에 붙였음이니라(창 9:2).

우리는 이 말씀을 보면서 창세기 1장에서 하나님이 하신 말씀과 차이점을 느낄 수 있습니다. 즉 짐승들이 인간을 두려워하며 무서워하고, 인간이 모든 짐승을 길들일 것이라는 내용입니다. 사실 이 말씀은 좋은 뜻을 함축하고 있습니다. 왜냐하면 동물과 인간의 관계에 긴장 관계가 조성되었기 때문입니다. 하나님은 동물이 함부로 인간을 해치지 못하게 보호하신 것입니다.

그러나 하나님이 태초에 천지를 창조하셨을 때는 하나님과 인간과 동물 사이에 아예 갈등이 없었습니다. 하나였습니다. 죽이거나 싸움이 없었습니다. 죽음은 죄가 온 이후에 생긴 것입니다. 하나님과 인간은 가족이었고, 친구였습니다. 그런데 죄가 들어온 후에 하나님과 인간은 갈라졌습니다. 죄가 들어온 이후에 사람과 자연은 나뉘었습니다. 인간은 환경을 파괴하는 존재가 되었습니다.

이 말씀에서 발견하는 것은 짐승들이 인간을 해하려 한다는 것입니다. 그러므로 하나님은 짐승들이 해하지 못하도록 인간을 두려워하는 마음을 그들에게 주심으로 인간을 보호해 주셨습니다. 이것은 하나님이 주신 복입니다. 그러나 그것은 부자연스러운 복, 금이 간 복입니다. 창세기 1장의 복은 완전한 복이었습니다. 노아가 받은 복은 불완전했습니다. 그 복은 예수님이 다시 오실 때 완성될 것입니다. 그래서 노아의 복은 기다리는 복입니다. 언젠가 그 날이 올 것입니다. 그날에 대해 이사야는 이렇게 말했습니다.

> 그때에 이리가 어린 양과 함께 살며 표범이 어린 염소와 함께 누우 며 송아지와 어린 사자와 살진 짐승이 함께 있어 어린아이에게 끌 리며 암소와 곰이 함께 먹으며 그것들의 새끼가 함께 엎드리며 사 자가 소처럼 풀을 먹을 것이며 젖 먹는 아이가 독사의 구멍에서 장 난하며 젖 뗀 어린아이가 독사의 굴에 손을 넣을 것이라(사 11:6-8).

곧 이런 날이 올 것입니다. 메시아가 오시면 동물들이 인간을 두 려워하거나 무서워하지 않고, 인간이 짐승들을 길들이지 않아도 될 것입니다. 그날을 대망하기 바랍니다. 이사야 35장에도 이와 같은 약속이 있습니다.

누구든지 예수를 믿으면 구원을 얻습니다. 예수만이 길이요, 진 리요, 생명이 되십니다(요 14:6). 예수 안에 참된 기쁨과 자유와 평 안이 있습니다. 예수님이 이 땅에 오셨을 때부터 그 나라는 시작되 었습니다. 잃어버렸던 에덴이 회복되었습니다. 우리는 아직까지 험악한 세상에 살고 있지만, 예수님이 다시 오실 때 그 나라가 우 리에게 주어질 것입니다. 우리는 노아의 금이 간 복, 불완전한 복 속에서 하나님의 영광스러운 나라를 대망하며 사는 것입니다.

모든 산 동물은 너희의 먹을 것이 될지라 채소같이 내가 이것을 다 너희에게 주노라 그러나 고기를 그 생명 되는 피째 먹지 말 것이니라(창 9:3-4).

창조 때의 복을 회복시키고 동물들로부터 보호해 주겠다고 약속하신 하나님은 이제 육식을 허락하겠다고 말씀하셨습니다. 육식을 함으로 인간은 건강해졌지만 여전히 불완전했습니다. 3절을 보면 홍수 이전에는 채식을 했다는 사실을 알 수 있습니다. 창세기 1장 29-30절을 보면 인간과 동물의 양식은 채소였습니다. 육식을 하지 않은 이유는 죽음이 없었기 때문입니다. 육식을 하기 위해서는 동물을 죽여야 합니다. 동물을 죽여서 고기를 먹는 것은 죄가 생긴 이후에 일어난 일입니다.

지금도 인간의 가장 기본적인 음식은 채소입니다. 어느 나라든지 암을 고치거나 질병을 치료하는 성분은 풀에 있습니다. 풀을 연구하면 인간의 건강을 위하는 요소를 발견할 수 있습니다. 그러나 홍수 사건 이후에 하나님은 육식을 허락하셨습니다. 전에는 채소만으로도 인간의 식사가 가능했지만 저주를 받음으로 채소와 곡식만으로는 식사가 불가능해졌고, 이에 따라 육식을 제한적으로 허락하신 것을 알 수 있습니다.

육식이 허락된 이후 인간은 게걸스럽게 먹게 되었습니다. 인간은 잔인해졌고, 음식의 노예가 되었습니다. 하나님은 육식을 허락하셨지만 제한을 두셨습니다. 그것은 고기를 피째 먹지 말라는 것입니다. 어떤 사람은 피째 먹지 않는 것은 고사하고 피만 먹습니다. 피를 먹으면 인간은 잔인해집니다. 피는 생명입니다. 생명을 상징하는 피를 고기에서 빼라는 말은 인간의 분노와 저주를 빼라는 말입니다. 육식을 하십시오. 그러나 육식을 게걸스럽게 먹지는 마십시오. 채소를 게걸스럽게 먹는 사람은 없습니다.

지금 이 말씀을 통해 하나님이 우리에게 주시는 메시지는 먹는 것을 위해 살지 말라는 뜻입니다. 우리는 살기 위해서 먹는 것이지, 먹기 위해서 사는 것이 아닙니다. 음식이 우리의 목적이 되지 않도록 하십시오. 예수 믿는 사람들은 특별히 음식을 검소하게 먹어야 합니다. 맛을 위해서 먹지 마십시오. 그것은 일종의 쾌락주의입니다. 음식은 건강을 위해서 먹어야 합니다. 예수 믿는 사람은 음식을 남기면 안 됩니다. 가난한 사람을 생각해야 합니다. 예수 믿는 사람들이 음식을 분수에 지나치게 먹는 것은 성경적이지 않습니다. 예수님은 우리에게 이렇게 말씀하셨습니다.

그러므로 염려하여 이르기를 무엇을 먹을까 무엇을 마실까 무엇을 입을까 하지 말라 이는 다 이방인들이 구하는 것이라 너희 하늘 아버지께서 이 모든 것이 너희에게 있어야 할 줄을 아시느니라 그런즉 너희는 먼저 그의 나라와 그의 의를 구하라 그리하면 이 모든 것을 너희에게 더하시리라(마 6:31 - 33).

음식은 나누어야 합니다. 음식을 화려하게 배불리 먹는 데 우리 인생의 목적이 있는 것이 아닙니다. 검소하게 먹어야 합니다. 저도 본의 아니게 비싼 음식을 대접받을 때가 있습니다. 그때마다 부담이 있습니다. 북한의 굶주린 사람들을 생각하면 미안해집니다. 먹지 않아도 될 때는 적게 먹고, 남은 것으로 가난한 사람들을 위해 비전 헌금을 하십시오. 그러면 하나님이 건강을 주실 것이며, 마음에 평안도 주실 것입니다.

하나님은 이 말씀을 하시고 나서 인간이 지켜야 할 또 하나의 중요한 법칙을 만들어 주셨습니다. 그것은 살인하지 못하도록 하신 것입니다.

> 내가 반드시 너희의 피 곧 너희의 생명의 피를 찾으리니 짐승이면 그 짐승에게서, 사람이나 사람의 형제면 그에게서 그의 생명을 찾으리라 다른 사람의 피를 흘리면 그 사람의 피도 흘릴 것이니 이는 하나님이 자기 형상대로 사람을 지으셨음이니라 너희는 생육하고 번성하며 땅에 가득하여 그중에서 번성하라 하셨더라(창 9:5-7).

살인은 하나님이 원하시는 것이 아닙니다. 왜냐하면 인간은 하나님의 형상으로 지으심을 받았기 때문입니다. 자기를 죽이는 것은 자살이고, 다른 사람을 죽이는 것은 살인입니다. 그러나 생명은 내 것이 아니라 하나님의 것입니다.

노아 시대에는 이미 인간의 몸속에 죄와 살인이 들어와 있었습니다. 이 말씀에서 '피를 흘렸다'라는 말은 죽였다는 말입니다. 성경은 만일 어떤 동물이 또 다른 동물을 죽이면 그 동물도 죽이라고 가르치고 있습니다. 구약 시대에는 사형 제도가 있었습니다. 그것은 복수를 하라는 의미가 아니라 살인을 막으시려는 하나님의 방법이었습니다. 사실 이 법이 제대로 시행된다면 사람들은 살인을 굉장히 조심할 것입니다.

이처럼 하나님은 노아를 보호해 주시고 복을 주셨습니다. 예수님이 이 복을 완전하게 만들어 주셨습니다. 주님은 "누구든지 네 오른편 뺨을 치거든 왼편도 돌려 대며 또 너를 고발하여 속옷을 가지고자 하는 자에게 겉옷까지도 가지게 하며 또 누구든지 너로 억지로 오 리를 가게 하거든 그 사람과 십 리를 동행하고 … 너희 원수를 사랑하며 너희를 박해하는 자를 위하여 기도하라"(마 5:39-44)라고 말씀하셨습니다. 저는 이런 복을 기다립니다. 그리스도의 복은 완전합니다. 그래서 하나님은 노아에게 복을 주시면서 예수 그리스도를 바라보는 믿음을 주셨습니다.

우리는 하나님의 복을 받은 자들입니다. 노아에게 주신 복뿐만 아니라 예수 그리스도의 복까지 받았습니다. 우리는 이런 복을 가난한 자들과 복음을 모르는 이들에게 나누어 주어야 합니다. 땅 끝까지 전해야 합니다. 이 복은 예수 그리스도가 다시 이 땅에 역사의 심판주로 오실 때 완성될 것입니다.

12

나의 무지개,
예수 십자가를 기억합니다

창세기 9:8-17

하나님은 나를 일방적으로, 무조건적으로 사랑하신다

하나님은 홍수 심판 이후 노아와 가족들에게 "비록 세상은 멸망했지만 너희는 나와 함께 다시 새로운 일을 시작해 보자"라는 격려와 복의 말씀을 주셨습니다. 창세기 9장 1-7절이 바로 그 내용입니다. 하나님은 노아와 가족들에게 복을 주시며 "생육하고 번성하여 땅에 충만하라"라는 명령을 주셨습니다. 그리고 그들과 계약을 하기 원하셨습니다.

> 하나님이 노아와 그와 함께한 아들들에게 말씀하여 이르시되 내가 내 언약을 너희와 너희 후손과 너희와 함께한 모든 생물 곧 너희와 함께한 새와 가축과 땅의 모든 생물에게 세우리니 방주에서 나온 모든 것 곧 땅의 모든 짐승에게니라 내가 너희와 언약을 세우리니 다시는 모든 생물을 홍수로 멸하지 아니할 것이라 땅을 멸할 홍수가 다시 있지 아니하리라(창 9:8-11).

하나님은 약속하시는 분입니다. 하나님은 약속하시지 않고 일을 이루시는 법이 없습니다. 언제나 약속하시고, 그 약속을 성취하십니다. 그래서 우리는 성경을 '구약', '신약'이라고 부릅니다. 성경은 약속의 책이며, 그 약속은 반드시 이루어집니다.

이 말씀을 보면 하나님은 노아와 가족들뿐만 아니라 동물들에게까지 약속을 하셨습니다. 하나님은 우리와 언약을 세우십니다. 구약에서의 모든 약속은 신약에서 이루어졌고, 신약에서 예수 그리스도가 약속하신 모든 약속은 머지않아 역사의 마지막 때에 완성될 것입니다. 이것이 하나님의 법칙입니다. 하나님은 신실하십니다. 하나님은 변함이 없으십니다. 하나님은 실수 없이 그분이 하신 말씀을 반드시 이루십니다.

하나님은 일방적으로 말씀하셨습니다. 계약이란 쌍방 간에 만족해 서명을 할 때 성립됩니다. 한일합방과 같이 폭력이나 무력으로 맺은 일방적인 계약은 효력이 없습니다. 그런데 성경을 보면 놀랍게도 하나님은 일방적으로 계약을 하셨습니다. 사람과 사람 사이의 계약에서 일방적이거나 강요에 의한 것이라면 그 계약은 잘못된 것이 맞습니다. 하지만 하나님과 인간의 계약은, 절대자와의 계약은 일방적일 수밖에 없습니다. 그것이 은혜요, 사랑이요, 복입니다.

부모가 자녀를 키울 때 자녀와 계약을 하고 키우지는 않습니다. 부모는 조건 없이 일방적인 사랑을 베풉니다. 약 2,000년 전에 하나님은 일방적으로 자신의 아들을 세상에 보내셔서 십자가에 못 박혀 죽게 하심으로 그 사랑을 이루셨습니다. 사람이 일방적으로 강요하는 계약에는 문제가 많지만, 하나님이 하시는 일방적인 계약은 복입니다. 은혜입니다. 하나님은 노아에게도 창조주의 권위를 가지고 사랑과 은혜와 복된 계약을 일방적으로 맺으셨습니다.

이와 비슷한 이야기가 요한복음 15장 16절에 나옵니다. 예수님은 "너희가 나를 택한 것이 아니요 내가 너희를 택하여 세웠나니"라고 말씀하셨습니다. 세상 사람들은 "네가 나를 사랑하기 때문에 나도 너를 사랑한다"고 말합니다. "네가 나에게 혜택을 주기 때문에 나도 너에게 혜택을 준다"고 합니다. 이것이 세상 사람들의 이론입니다. 그러나 하나님은 내가 드리는 것이 없어도, 사랑받을 만한 가치가 없어도, 구원받을 만한 존재가 못 되어도, 내가 한 일이 아무것도 없어도 나를 일방적으로 무조건 사랑하십니다. 이것이 하나님의 사랑과 계약입니다.

내가 하나님을 믿는다고 말하지만 사실은 내가 하나님을 믿은 것이 아닙니다. 하나님이 나로 하여금 하나님을 믿게 하신 것입니다. 내가 하나님을 위해 찬양도 하고, 봉사도 하고, 헌금도 하고, 여러 가지 일을 하지만, 사실은 내가 하나님을 위하여 하는 것이 아닙니다. 이미 약 2,000년 전에 하나님이 나를 위해 먼저 큰일을 이루셨습니다. 아니, 창세전에 하나님은 나를 택하시고, 내 이름을 기억하시고, 내게 복을 주셨습니다. 이것이 일방적인 하나님의 은혜요, 사랑이요, 복입니다.

하나님은 이러한 사랑과 은혜와 복을 노아에게 다시 주셨습니다. "내가 너에게 복을 주겠고, 너희 자손은 생육하고 번성하여 땅에 충만할 것이며, 이제 육식을 허락할 것이며, 동물들이 너를 해치지 못하게 할 것이며, 서로 죽이고 살인하지 못하도록 막아 주겠다. 그리고 나는 너와 새로운 특별한 계약을 할 것이다. 이 계약은 네가 요청해서 하는 것이 아니라 나의 사랑 때문에, 나의 은혜로 일방적으로 체결하는 복의 계약이다."

저는 하나님이 우리를 일방적으로 사랑하신다고 믿습니다. 우리가 하나님을 사랑했기 때문에 하나님이 우리를 사랑하신 것이 아닙니다. 우리가 하나님의 이름을 부르고 기도했기 때문에 하나님이 도움을 주시는 것이 아닙니다. 하나님은 일방적으로 우리를 사랑하셨습니다. 그리고 우리를 격려하시며, 우리가 하나님의 자녀로서 영광스러운 삶을 살도록 해 주셨습니다. 이에 부합되는 성경 말씀이 있습니다.

우리가 아직 죄인 되었을 때에 그리스도께서 우리를 위하여 죽으심으로 하나님께서 우리에 대한 자기의 사랑을 확증하셨느니라(롬 5:8).

하나님은 우리를 사랑하시는 것이 맞습니다. 비록 우리가 예수님을 몰랐을지라도 하나님은 약 2,000년 전에 우리를 위해 예수님을 십자가에 못 박혀 죽게 하셨습니다. 노아가 하나님께 해 드린 일은 별로 없었습니다. 물론 하나님께 예배를 드리긴 했습니다. 그러나 하나님은 조건 없이 노아에게 복을 주셨고, 그를 보호해 주셨고, 지켜 주기로 결정하셨습니다.

하나님을 바라볼 때 두려움이 사라지고 안심된다

그렇다면 하나님과 노아가 맺은 계약의 내용은 무엇입니까? 하나님은 다시는 물로 세상을 심판하지 않을 것이라고 약속하셨습니다. 왜 이 말씀이 매우 중요할까요? 어떤 의미가 있기에 하나님이 노아와 계약을 하셔야만 했을까요?

우리가 노아의 입장이 되어 보면 이 말씀을 쉽게 이해할 수 있습니다. 방주에서 노아와 가족들과 짐승들이 나왔습니다. 그들이 첫 번째로 목격한 세상은 폐허였습니다. 집, 논, 밭, 먹을 것이 전혀 없는 처참하고 상상할 수조차 없는 땅이었을 것입니다. 그때 노아와 가족들이 그러한 현실을 보고 느꼈던 것은 무엇이었을까요? 집을 세우거나 농사를 짓는 등 미래에 대한 꿈을 갖는 것이 가능했을까요? 아닙니다. 좌절과 절망뿐이었을 것입니다. 어디서부터 시작해야 할지, 폐허에서 어떻게 살아가야 할지 몰라 노아는 두려웠을 것입니다.

그때 하나님이 나타나셨습니다. 그리고 노아에게 복을 주시면서 약속하셨던 것입니다. 즉 하나님은 노아의 두려움을 없애 주신 것입니다. 우리에게 먹는 일, 잠자는 일, 옷을 입는 일, 직업을 갖는 일보다 더 중요한 일은 마음속에서 두려움을 제거하는 일입니다. 대부분의 사람들은 두려움에 사로잡혀 있습니다. 암에 걸린 사람이 갖는 죽음에 관한 공포, 사업에 실패했을 때 느끼는 두려움, 자녀가 부모의 뜻대로 자라지 않고 제멋대로 자랄 때 부모가 갖게 되는 두려움, 배우자에 대한 공포감 등이 있습니다.

사람을 가장 고통스럽게 만드는 것이 바로 두려움입니다. 미래는 어느 누구도 가 보지 않은 미지의 세계입니다. 그런데 어떤 사람은 미래에 대한 확신이 있는 반면, 어떤 사람은 미래에 대한 두려움과 공포와 좌절감으로 하루하루를 보냅니다. 돈이나 권력이 있다고 안전하지 않습니다. 그것은 그들에게 평안과 기쁨을 주지 못합니다.

노아가 가졌던 감정은 무엇이었을까요? 파괴된 현실을 보면서 그가 가졌던 감정은 두려움과 공포와 미래에 대한 불확실한 마음이었을 것입니다. 그것을 아시는 하나님이 노아에게 나타나셨습니다. 하나님은 위대한 상담학자요, 심리학자이십니다. 하나님은 노아의 심정을 꿰뚫어 보셨습니다. 그리고 그를 안심시키셨습니다. "걱정하지 마라. 나는 네 하나님이다. 네가 나를 신뢰하고 나를 바라보면 모든 불안과 염려와 근심과 걱정은 다 사라질 것이다. 그리고 새로 시작해라. 나를 의지하고, 나를 바라보고, 새로운 세계를 만들어 가라." 이것이 바로 11절 말씀입니다.

그러므로 구원의 결국은 '안심'입니다. 구원의 복은 죽음과 미래에 대해 안심하는 것입니다. 우리도 안심하고 죽을 수 있기를 바랍니다. 구원받은 자는 죽음도, 병도 두려워하지 않습니다. 그냥 죽으면 됩니다. 죽으면 다시 살기 때문입니다.

구원받은 자의 특권은 안심입니다. 이것이 노아에게 필요했습니다. 두려움, 공포, 절망, 좌절에서 벗어나서 하나님과 함께 미래의 세계를 향해 새롭게 시작하는 일이 필요했습니다. 하나님은 노아와 가족들의 두려움을 치유하기 시작하셨습니다. 노아는 이 말씀을 듣고 미래에 대한 꿈을 갖기 시작했을 것입니다.

이 일이 우리에게도 필요합니다. 미래에 대한 자신감을 가지고 있습니까? 사후 세계에 대한 평안함이 있습니까? 그것은 믿음만이 줄 수 있습니다. 구원은 우리에게 안심입니다. 세상 사람들은 성공하고 실패하고, 건강하고 병드는 것 때문에 감정이 얼마나 요동하는지 모릅니다. 그러나 하나님을 믿는 사람은 하나님이 함께하시기 때문에 두려움으로부터 자유하게 됩니다.

성경을 보면, 놀랍게도 성경 도처에서 이와 비슷한 말씀을 찾아볼 수 있습니다. 왜 그럴까요? 늘 의심하고, 불안하고, 쫓기는 것 같고, 두려워하는 우리에게는 계속해서 하나님이 주시는 용기와 믿음이 필요하기 때문입니다. 우리를 격려하시는 하나님의 말씀 몇 구절을 소개하겠습니다.

내가 네게 명령한 것이 아니냐 강하고 담대하라 두려워하지 말며 놀라지 말라 네가 어디로 가든지 네 하나님 여호와가 너와 함께하느니라 하시니라(수 1:9).

두려워하지 말라 내가 너와 함께함이라 놀라지 말라 나는 네 하나

님이 됨이라 내가 너를 굳세게 하리라 참으로 너를 도와주리라 참
으로 나의 의로운 오른손으로 너를 붙들리라(사 41:10).

너희는 마음에 근심하지 말라 하나님을 믿으니 또 나를 믿으라 …
내가 너희를 고아와 같이 버려두지 아니하고 너희에게로 오리라(요
14:1, 18).

평안을 너희에게 끼치노니 곧 나의 평안을 너희에게 주노라 내가
너희에게 주는 것은 세상이 주는 것과 같지 아니하니라 너희는 마
음에 근심하지도 말고 두려워하지도 말라(요 14:27).

지금 이 시간에 이 말씀들이 우리 귀에 들려져 모든 두려움이 사
라지기를 바랍니다. 가지고 있는 크고 작은 두려움, 인간관계의 두
려움, 부부 관계의 두려움, 직장에 대한 두려움 등을 예수 그리스
도의 이름으로 다 몰아내기를 바랍니다.

'두려움'은 하나님께 속한 단어가 아닙니다. 요한일서 4장 18절
은 "사랑 안에 두려움이 없고 온전한 사랑이 두려움을 내쫓나니
두려움에는 형벌이 있음이라 두려워하는 자는 사랑 안에서 온전
히 이루지 못하였느니라"라고 말합니다. 두려움은 하나님이 주신
것이 아닙니다. 두려움, 불안, 근심, 좌절 같은 것들은 마귀가 몰래
우리의 영혼에 심어 놓은 독입니다. 하나님을 사랑하는 자에게는

두려움이 없습니다.

사랑에는 두려움이 없습니다. 하나님을 바라볼 때 내 안에 가득했던 안개와 같은 두려움이 사라질 것입니다. 그리고 두려움이 사라지면 사물이 보이기 시작합니다. 하나님의 뜻이 보입니다. 길이 보입니다. 두려움 속에서 선택하는 것은 전부 실수투성이입니다. 공포와 쫓김, 당황함, 안절부절 가운데서 무언가를 선택해 보십시오. 그 결과는 항상 비극적입니다.

하나님과 함께 시작하십시오. 우리의 모든 두려움을 예수님이 완전히 해결해 주셨음을 믿으십시오. 예수님을 바라보십시오. 노아에게 말씀하셨던 하나님이 지금 이 순간 예수 그리스도를 통해 우리에게도 동일하게 말씀하십니다.

주 안에서 항상 기뻐하라 내가 다시 말하노니 기뻐하라 너희 관용을 모든 사람에게 알게 하라 주께서 가까우시니라 아무것도 염려하지 말고 다만 모든 일에 기도와 간구로, 너희 구할 것을 감사함으로 하나님께 아뢰라 그리하면 모든 지각에 뛰어난 하나님의 평강이 그리스도 예수 안에서 너희 마음과 생각을 지키시리라(빌 4:4-7).

오늘 다시 시작하십시오. 어제까지의 좌절과 두려움에 미련을 갖지 말고 하나님과 함께 새롭게 시작하십시오. 그러면 새 하늘과 새 땅이 우리 앞에 전개될 것입니다.

우리의 무지개는 예수 그리스도의 십자가

또 한 가지 생각해 볼 문제가 있습니다. 즉 하나님이 다시는 물로 세상을 심판하지 않겠다고 하신 언약의 증거가 무엇입니까?

> 내가 내 무지개를 구름 속에 두었나니 이것이 나와 세상 사이의 언약의 증거니라(창 9:13).

무지개입니다. 물론 무지개가 노아의 홍수 이후에 생긴 것은 아닙니다. 하나님이 구름 속에 있는 무지개를 증거로 삼으신 것입니다. 하나님은 노아가 세상에 대한 두려움이 생길 때마다 무지개를 보기 원하셨습니다.

> 내가 구름으로 땅을 덮을 때에 무지개가 구름 속에 나타나면 내가 나와 너희와 및 육체를 가진 모든 생물 사이의 내 언약을 기억하리니 다시는 물이 모든 육체를 멸하는 홍수가 되지 아니할지라(창 9:14-15).

사실 무지개가 중요한 것이 아니라 13절의 '언약의 증거'라는 표현에 주목해야 합니다. 중요한 것은 하나님이 약속하셨다는 것입니다. 하나님은 계속해서, 반복적으로 "무지개가 내 언약의 증거다"라고 말씀하셨습니다. 하나님은 무지개를 보시면서 약속을 기억하십니다.

> 무지개가 구름 사이에 있으리니 내가 보고 나 하나님과 모든 육체
> 를 가진 땅의 모든 생물 사이의 영원한 언약을 기억하리라(창 9:16).

그런데 왜 하나님은 이 이야기를 계속해서, 반복해서 말씀하셨
을까요? 마치 우리가 어린아이 혹은 말을 잘 알아듣지 못하는 사
람 취급을 받는 것만 같습니다. 한 번만 말씀하셔도 다 알 것 같은
데 자꾸만 반복해서 말씀하셨습니다. 17절에 '언약의 증거'라는
말이 또 나옵니다.

> 하나님이 노아에게 또 이르시되 내가 나와 땅에 있는 모든 생물 사
> 이에 세운 언약의 증거가 이것이라 하셨더라(창 9:17).

그렇습니다. 노아와 가족들은 무지개를 보면서 구원을 노래했
던 것입니다. 그들은 하나님께 약속을 보장받았던 것입니다. 믿
음은 바라는 것들의 실상이요 보이지 않는 것들의 증거입니다(히
11:1). 미래를 본 사람은 아무도 없습니다. 그러나 믿음을 가진 사
람은 미래가 이미 마음에 와 있습니다. 이미 마음속에 앞으로 일어
날 일들이 들어 있는 것입니다. 현실적으로 미래가 내 믿음 안에서
이루어지고 있는 것입니다. 하나님은 노아에게 무지개를 볼 때마

다 이 사실을 기억하라고 말씀하셨습니다.

이스라엘 백성이 유월절을 지킨 이유는 무엇일까요? 유월절은 그들의 믿음을 회복시키는 절기이기 때문입니다. 위기 앞에 섰을 때 그들은 유월절 무교병을 먹었습니다. 절기를 지키면서 첫 번째 유월절에 죽음이 지나가고, 홍해가 갈라지고, 하나님이 승리하신 그 놀라운 영적 감격을 회복한 것입니다.

예수 그리스도로 말미암은 믿음이 우리 안에서 기적을 일으키기 바랍니다. 노아 시대에는 언약의 증거가 무지개였습니다. 따라서 사람들은 무지개를 바라보면서 하나님과의 약속을 기억했습니다. 그러나 신약 시대에는 예수 그리스도의 십자가가 있습니다. 구약의 무지개가 노아와 가족들에게 평안을 주었던 것처럼, 예수 그리스도가 나를 위해 피 흘려 돌아가신 십자가 사건이 마귀를 쫓아내며, 음부의 세력을 몰아내며, 병을 물리치며, 염려와 근심과 걱정을 내게서 다 떠나게 할 줄로 믿습니다.

이것이 증거입니다. 우리가 가진 구원의 증거는 바로 어린 양 예수 그리스도의 십자가 보혈에 있습니다. 그러므로 노아가 언약의 증거로서 무지개를 보았던 것처럼, 오늘날 우리는 우리 언약의 증거, 즉 갈보리 언덕에서 우리를 위해 피 흘려 돌아가신 예수 그리스도의 십자가를 바라보아야 합니다. 노아는 무지개를 바라보며 약속을 기억했지만, 우리는 예수 그리스도를 바라보아야 합니다. 우리의 문제를 해결해 주실 분은 예수 그리스도이십니다. 그분이 우리의 증거이십니다.

> 예수께서 하나님의 아들이심을 믿는 자가 아니면 세상을 이기는 자
> 가 누구냐 이는 물과 피로 임하신 이시니 곧 예수 그리스도시라 물
> 로만 아니요 물과 피로 임하셨고 증언하는 이는 성령이시니 성령은
> 진리니라 증언하는 이가 셋이니 성령과 물과 피라 또한 이 셋은 합
> 하여 하나이니라(요일 5:5-8).

구약 시대에는 무지개가 약속의 증거였습니다. 그러나 예수 그
리스도가 십자가에 못 박혀 돌아가신 이후에는 십자가가 증거입
니다. 성령이 증거입니다. 말씀이 증거입니다. 우리가 말씀으로 이
세상을 살아가기를 바랍니다. 성령과 함께 이 세상을 정복할 수 있
기를 원합니다. 예수 그리스도의 십자가를 바라봄으로 증인이 되
고, 그 십자가의 능력을 체험할 수 있기를 간절히 기도합니다. 모
든 염려와 근심과 두려움이 떠날 것입니다. 하나님은 우리와 함께
있기를 원하십니다. 미래는 우리의 것입니다. 천국도 우리의 것입
니다. 하나님의 복이 있기를 간절히 기도합니다.

13

예수 이름으로
상처를 치유합시다

창세기 9:18-29

홍수 대심판 이후, 인간의 죄성은 여전하다

하나님은 대홍수의 심판으로 이 세상의 모든 죄악을 멸하셨습니다. 그러나 죄가 모두 사라진 것은 아닙니다. 나무가 잘렸다고 뿌리째 뽑힌 것은 아니듯이, 죄의 현상은 제거할 수 있지만 죄의 뿌리는 남아 있습니다. 죄의 삯은 사망입니다(롬 6:23).

벌을 받았다고 해서 죄가 없어지지 않습니다. 여기에 우리의 고민이 있습니다. 세상에서는 심판을 받고 대가를 치르면 자신의 잘못이 상쇄됩니다. 그러나 하나님 나라에서는 대가를 치렀다고 해서 죄가 없어지지 않습니다. 우리의 죄는 오직 하나님의 아들이신 예수님이 십자가에서 흘리신 보혈로만 씻길 수 있습니다.

노아와 가족들은 방주에서 나온 이후에 비교적 평안하게 살 수 있었습니다. 몸서리가 쳐지는 홍수가 지나간 후에 다시 평정을 찾았습니다. 홍수를 겪은 노아와 가족들은 하나님을 경외하며 경건하게 살았을 것이라고 생각됩니다. 또한 그들은 다시는 물로 심판하지 않겠다고 약속하신 하나님의 언약을 기억하며 열심히 일했을 것입니다.

그러나 인간의 죄성은 여전히 존재하고 있었습니다. 한 번 고생해 본 사람들은 한동안 불장난을 하지 않겠지만, 그리 오래가지는 않습니다. 혼이 나고 고생한 일은 몇 달은 기억됩니다. 그러나 얼마 못 가서 망각하는 어리석은 존재가 인간입니다. 특히 우리 국민은 고난을 잘 잊어버립니다. 성수대교 붕괴 사건도, 삼풍백화점 붕괴 사건도, 그 이후에 일어났던 수많은 사건도 잊었습니다. 사건을 만날 때는 당황하지만 금방 잊어버립니다. 사람들은 죄를 금방 잊어버리기 때문에 또 죄를 짓습니다.

> 방주에서 나온 노아의 아들들은 셈과 함과 야벳이며 함은 가나안의 아버지라 노아의 이 세 아들로부터 사람들이 온 땅에 퍼지니라 (창 9:18-19).

노아와 가족들은 방주에서 나왔습니다. 그의 자녀들의 이름은 셈과 함과 야벳입니다. 특별히 9장에서는 가나안의 아버지인 함에 대해 강조하고 있습니다. 왜냐하면 세 아들 중에서 가장 불행한 삶을 살게 되기 때문입니다. 그 이유는 이렇습니다.

노아와 가족들은 하나님의 약속대로 번성하고 땅에 충만하기 시작했습니다. 다시 인류가 번성했습니다. 노아는 농업을 했고, 포도나무를 많이 심었습니다.

> 노아가 농사를 시작하여 포도나무를 심었더니(창 9:20).

전원과 같은 평온하고 아름다운 분위기가 묘사되어 있습니다. 홍수는 모두 지나갔습니다. 폐허도 끝났고, 무섭던 기억도 잊혀 갔습니다. 그리고 다시는 물로 심판하지 않겠다는 하나님의 약속도 있었습니다.

포도주를 마시고 취하여 그 장막 안에서 벌거벗은지라(창 9:21).

그런데 20절과는 달리 21절에서는 문제가 생긴 것을 볼 수 있습니다. 노아가 포도나무를 심었는데, 포도주를 마시고 취해 그 장막 안에서 벌거벗었다고 말합니다. 표현은 단순하지만 이는 엄청나게 큰 사건이었습니다. 취한 것이나 포도주를 마신 것은 그리 큰 문제가 되지 않습니다. 노아는 '포도주 한 잔쯤이야…' 한 것이 자신을 취하게 할 줄 몰랐습니다. 그러나 벌거벗고 수치를 당하게 될 줄은 몰랐습니다.

사실 노아는 그런 사람이 아니었습니다. 창세기 6장 9절을 보면, 노아를 '의인이요 당대에 완전한 자, 하나님과 동행하는 사람'이라고 소개하고 있습니다. 노아는 하나님의 특별한 은혜를 입어서 홍수의 심판으로 모든 인류가 멸망했을 때에도 그의 가족들과 함께 구원받을 만큼 하나님께 인정받은 사람이었습니다. 600세 되던 해까지 노아는 깨끗하게 살아왔습니다. 그런데 그 노아가 걸맞지 않게 포도주를 마시고, 백주에 벌거벗고 수치를 당했습니다.

사실 사람이 술을 마시고 옷을 벗었다고 해서 무엇이 수치입니까? 그런데 이 말씀은 독특한 의미를 가지고 있습니다. 자세한 설명은 없지만, 앞뒤 문맥과 자녀들의 반응을 보면 아버지가 술 마시고 취해서 수치를 당한 일이 큰 사건으로 보입니다. 자녀들에게 몹시 갈등을 주었고, 번민하게 했으며, 부모를 비판하고 고발하는 마음을 주는 사건이었습니다.

22절에서 둘째 아들 함은 아버지 노아의 하체를 보고 밖으로 나가서 두 형제에게 고발했고, 23절에서 나머지 두 아들은 옷을 가져다가 자기들의 어깨에 메고 뒷걸음쳐 들어가서 아버지의 하체를 보지 않은 채 덮어 주고 나왔습니다. 노아가 어떤 잘못을 저질렀는지는 자세히 알 수 없으나, 노아가 지금까지 살았던 모습과는 전혀 다른 실수를 했다는 것을 알 수 있습니다.

교만은 망하는 길, 잘될 때일수록 경계를 늦추지 말라

노아는 죄가 얼마나 무서운지를 그 누구보다도 뼈저리게 체험한 사람입니다. 심판이 얼마나 무섭고 잔인한지를 경험하고, 거기에서 살아난 사람입니다. 그런 그가 오랜 세월이 흐르고, 모든 환경이 평온을 되찾고, 땅에서 농사를 짓게 되었을 때 생각지도 못한 실수를 저질렀습니다. 우리는 여기에서 중요한 두 가지 사실을 배우게 됩니다.

첫 번째 교훈은 아무리 의롭고, 은혜를 입고, 성자처럼 살고, 존경받는 사람이라 할지라도 사람은 역시 죄인이라는 사실입니다. 로마서 3장 10-12절은 이렇게 말합니다.

> 기록된 바 의인은 없나니 하나도 없으며 깨닫는 자도 없고 하나님을 찾는 자도 없고 다 치우쳐 함께 무익하게 되고 선을 행하는 자는 없나니 하나도 없도다(롬 3:10-12).

인간은 도덕적으로, 지성적으로, 인격적으로 훌륭하고 든든해 보여도 언제나 죄를 지을 수 있습니다. 사람들이 영웅이나 성자로 취급하고 박수를 보낸다고 할지라도 하나님이 보시기에는 그렇지 않습니다. 노아의 사건은 거룩하고, 존경받으며, 귀하게 살아온 사람이라 할지라도 어느 순간에 처참하게 죄인의 모습으로 무너지고 변할 수 있다는 것을 우리에게 말해 줍니다.

그러므로 자신에게 지나치게 기대하지 마십시오. 주변 사람들 중에 매우 훌륭하고 존경할 만한 사람도 어느 한순간에 무너질 수 있습니다. 무너지더라도 너무 실망하지 마십시오. 그것은 인간의 본질입니다. 우리가 착각하고 있었을 뿐입니다. 다윗을 보십시오. 매우 훌륭하고 하나님의 총애를 한 몸에 받았던 다윗도 인생의 후반부에 들어섰을 때 도덕적 실수를 저질러 죽을 때까지 기막힌 고난을 겪어야 했습니다.

어쩌면 우리는 인생의 전반부를 잘 살아왔을지도 모르겠습니다. 그러나 안심하지 마십시오. 인생의 후반부에 어떤 실수를 저지르는지 아무도 모릅니다. 그 사실을 인정하고 깨달으십시오. '나는 절대 그렇지 않을 것이다'라고 생각하지 마십시오.

인간 안에 흐르는 죄성은 곁에서 보는 것과는 다릅니다. 평생 존경하고, 사랑하고, 믿었던 아버지에게 다른 여자가 있고, 다른 아들이 있을 수도 있는 것이 인간입니다. 그렇게 믿었던 배우자가 배신하고 떠날 수 있습니다. 이것이 인간입니다. 이것이 인생이며 현실입니다. 이 사실을 직시하십시오. 존경하는 스승이 타락과 욕망의 길을 걸을 수도 있습니다. 그러한 일은 노아와 다윗뿐만이 아니라 우리에게도 일어날 수 있습니다. 이것이 노아가 우리에게 보여주는 교훈입니다.

인간의 본질은 죄입니다. 도덕이나 윤리나 지성으로 포장된 모습은 모두 다 가면입니다. 실제 내면의 세계와는 다릅니다. 그래서 예수님은 "음욕을 품고 여자를 보는 자마다 마음에 이미 간음하였느니라"(마 5:28)라고 말씀하셨습니다. 도덕적으로, 외형적으로 깨끗하지만 진정으로 마음도 깨끗한지를 물으신 것입니다. 살인하지 않았지만, 사람의 마음속에는 분노와 미움이 있습니다. 간음하지 않았지만, 마음속에는 탐욕과 음욕이 있습니다. 이것이 인간 내면의 사실적 모습입니다.

인간의 내면에 흐르고 있는 것은 죄의 강입니다. 우리는 가면을

쓰고 웃고 있습니다. 그러나 어느 날 자기도 모르게 그 죄가 뛰쳐나옵니다. 저는 화장실에 갈 때마다 감동을 받습니다. 냄새 나는 오물이 내 몸 안에 있는데 창자가 잘 감싸고 있기 때문에 냄새가 나지 않습니다. 그런데 창자가 터지면 냄새가 납니다. 인간은 본래 냄새가 나는 더러운 존재입니다. 이것이 노아의 사건이 우리에게 알려 주는 메시지입니다.

노아의 노아 됨은 하나님의 은혜입니다. 실수할 기회가 많이 있었지만 하나님이 감싸고 보호해 주셔서 이 자리까지 올 수 있었던 것이지, 그가 잘나서 여기에 있는 것이 아닙니다. 그래서 교만하지 말라는 것입니다. 사도 바울은 "내가 나 된 것은 하나님의 은혜로 된 것이니"(고전 15:10)라고 말했습니다.

인간의 죄와 욕망은 아직도 계속되고 있습니다. 그래서 로마서 3장 13-18절은 이렇게 말합니다.

> 그들의 목구멍은 열린 무덤이요 그 혀로는 속임을 일삼으며 그 입술에는 독사의 독이 있고 그 입에는 저주와 악독이 가득하고 그 발은 피 흘리는 데 빠른지라 파멸과 고생이 그 길에 있어 평강의 길을 알지 못하였고 그들의 눈앞에 하나님을 두려워함이 없느니라 함과 같으니라(롬 3:13-18).

이 말씀에서 배우게 되는 것은 '우리는 예수님 앞으로 가야 한다'는 것입니다. 우리의 죄를 씻는 것은 우리의 노력이나 의지, 교양으로 되지 않습니다. 예수 그리스도가 값없이 주신 피로 우리의 죄를 용서받아 하나님의 자녀가 되었다는 사실 앞에서 다시 한 번 자신을 돌이켜 보는 기회가 되기를 바랍니다.

노아의 실수를 통해 배우게 되는 두 번째 교훈은 방종은 금물이라는 것입니다. 노아가 실수한 이유는 방심했기 때문입니다. 대홍수 이후에 아무 문제가 없고 평온했으며, 농사도 잘되었고, 자녀들도 잘 자랐고, 하는 일들이 모두 좋았습니다. 그래서 노아는 방심하게 된 것입니다. 사람을 그냥 놓아두면 마치 죄인이 아닌 것 같습니다. 그래서 교만하게 되고 방심합니다. 하나님이 다시 홍수로 심판하지 않겠다는 약속까지 하셨기 때문에 안심이 되었을 것입니다.

사람의 가장 큰 문제는 교만입니다. 교만으로 인해 모든 문제가 생깁니다. 특별히 자기 전공 분야에서 조심해야 합니다. 대개 사람들은 자기 전공 분야에서는 자신만만합니다. 그러나 그 분야에서 넘어지고 실패합니다. 교만하기 때문입니다. 사업이 잘되고 건강할 때, 모든 것을 자기 마음대로 할 수 있거나 든든한 후견인이 있다고 믿을 때 자기도 모르게 목소리가 커지고, 어깨에 힘이 들어가고, 우쭐해집니다. 권력과 돈을 가지고 유명해지면 사람들은 자기도 모르게 하나님을 두려워하지 않게 됩니다. 방자해지는 것입니다.

사람에게 권력과 돈이 생기면 그 주변에 다른 사람들이 모여듭니다. 그러면 사람들을 섬기지 않고 지배하려 합니다. 자기 말 한 마디로 모든 일이 해결되면 자기도 모르는 사이에 사람을 우습게 생각하게 됩니다. 이것이 방심이며 교만입니다. 노아는 포도주를 마시고 취했고, 하체가 모두 노출되어 자식들에게 수치를 당할 때까지 방심했습니다.

방심은 금물입니다. 잘될 때일수록 경계를 늦추지 마십시오. 입조심 하십시오. 느낀 대로 함부로 말하지 말고, 가능하면 입을 다물고 있으십시오. 드러나지 말고 숨어 지내십시오. 유명해지지 않기를 기도하십시오. 내가 모든 것을 할 수 있다고 말하지 마십시오. 좋은 일은 남모르게 하십시오. 헌금도 은밀히 하십시오. 알려지기 시작한다는 것은 곧 자신이 무너진다는 의미입니다. 에베소서 6장 11-12절에는 이런 말씀이 있습니다.

마귀의 간계를 능히 대적하기 위하여 하나님의 전신 갑주를 입으라 우리의 씨름은 혈과 육을 상대하는 것이 아니요 통치자들과 권세들과 이 어둠의 세상 주관자들과 하늘에 있는 악의 영들을 상대함이라(엡 6:11-12).

언제나 익숙한 것이 문제입니다. 익숙하지 않으면 긴장하지만, 일단 익숙해지면 방심합니다. 여기에서 무너진다는 사실을 노아의 실수를 통해 배우게 됩니다.

예수의 이름으로 허물을 덮을 때 복이 온다

이 말씀을 통해 자녀들의 입장에서 배우는 교훈이 있습니다. 아버지가 술을 마시고 하체를 드러냈는데, 이것은 성적인 타락과 연관이 있습니다. 가나안은 성적 부패를 상징하는 민족입니다. 아버지는 실수했고, 그의 수치를 자녀들에게 목격당했습니다. 그때 함의 태도와 셈과 야벳의 태도는 판이했습니다.

> 가나안의 아버지 함이 그의 아버지의 하체를 보고 밖으로 나가서 그의 두 형제에게 알리매(창 9:22).

실수한 현장을 우연히 볼 수도 있고, 의도적으로 볼 수도 있습니다. 함은 의도적으로 보았다고 추정할 수 있습니다. 우리 주변에서 일어나고 있는 정치적, 사회적 문제는 우연일 수도 있지만, 그 중에는 조작된 사건도 많습니다. 그물을 쳐 놓고 걸리게 만든 것입니다.

이 말씀에서 함이 취한 태도를 자세히 보면 의도적이었음을 알수 있습니다. 의도적으로 아버지의 수치를 보고 밖으로 나가 두 형제에게 '염려된다'는 이름으로 고발했을 것입니다. 대부분의 사람들은 도와주는 척하면서 욕합니다. 걱정해 주는 체하면서 불을 지르는 것이 인간입니다. 만일 진정으로 걱정되었다면 하체를 보고 끝냈을 것입니다. 그러나 함의 마음은 그렇지 않았습니다. 아버지의 일을 알리고 소리 지르고 싶었습니다. 그래서 형제들에게 가서 이야기한 것입니다. "아버지가 어떻게 그럴 수 있느냐. 아버지가 하고 있는 일을 보라. 아버지가 수치스러운 일을 했다. 우리 아버지는 문제가 있다"고 말한 것입니다.

함이 그렇게 행동한 이유는 아버지로부터 상처를 받았기 때문입니다. 상처가 없는 사람은 절대 그렇게 행동하지 않습니다. 상처가 있는 사람은 언제나 자신의 내면의 상처를 드러내는 법입니다. 한 번 했던 말을 자꾸 반복하는 이유는 그 부분에 상처가 있기 때문입니다. 그는 그 상처가 회복될 때까지 그 말을 계속합니다.

함과 아버지 사이에는 깊은 골이 있었습니다. 아버지로부터 받은 상처가 바로 함이라는 노아의 자녀에게서 볼 수 있는 모습입니다. 자기의 아버지에게서 상처를 받으면 그 상처를 반드시 자기의 자녀에게 주게 되어 있습니다.

요즘 학교에 폭력이 난무하고 있습니다. 돈을 뜯어 오라고 시키는 소위 '짱'이라는 아이들을 보면 모두 부모에게 매 맞고 삽니다. 그 아이들은 늘 부모에게 매 맞은 대로 친구들에게 폭력을 행사하는 것입니다. 폭력이라는 것이 만화나 영화에서 본 모습이 아니라 실제로 자기가 경험한 일이기 때문에 남에게 그대로 하는 것입니다. 부모에게 받은 상처는 그대로 자기 자녀들에게 전달됩니다. 불행은 계속됩니다.

그러나 노아의 다른 아들들인 셈과 야벳은 달랐습니다.

셈과 야벳이 옷을 가져다가 자기들의 어깨에 메고 뒷걸음쳐 들어가서 그들의 아버지의 하체를 덮었으며 그들이 얼굴을 돌이키고 그들의 아버지의 하체를 보지 아니하였더라(창 9:23).

23절과 22절을 비교해 보십시오. 함은 의도적으로 아버지의 사건을 목격했고, 나가서 그 사실을 고발했습니다. 그러나 23절에서 두 형제는 아주 조심스럽게 행동했습니다. 그들은 옷을 가져다가 자기들의 어깨에 메고 뒷걸음쳐 들어가서 아버지의 하체를 덮고 얼굴을 돌렸습니다. 대부분의 사람들은 이 정도가 되면 아버지를 한 번쯤은 볼 것입니다. 그런데 두 아들들은 보지 않았습니다. 그리고 조용히 나왔습니다.

또 한 가지 재미있는 사실은 셈과 야벳이 함을 야단치지도 않았다는 것입니다. 우리는 다른 사람에게 충고하기를 매우 좋아합니다. 그리고 남을 지도하려고 합니다. 그러나 셈과 야벳은 그렇게 하지 않았습니다. 아버지의 도덕적 타락은 함에게는 굉장히 큰 문제였지만, 셈과 야벳에게는 아무 문제도 되지 않았습니다. 자신에게 아무 문제가 없는 사람은 만사가 문제가 되지 않고, 자신에게 문제가 있는 사람은 모든 것이 문제가 됩니다. 문제는 그저 지나가면 아무 문제가 되지 않지만 문제를 건드리면 문제가 됩니다.

함은 적극적으로 아버지의 사건을 고발했습니다. 그러나 셈과 야벳은 그 이야기를 듣자마자 얼른 덮어 두고 감추었습니다. 그것은 셈과 야벳이 문제를 외면하거나 도피하려고 한 의도가 아닙니다. 오히려 적극적으로 덮어 주고 감싸 주려고 한 것입니다.

부모는 자식의 허물을 드러내지 않습니다. 자녀의 나쁜 습관이나 학교에서 있었던 일들을 드러내지 않고 덮어 줍니다. 되도록 미화시켜 줍니다. 하나님은 우리의 죄를 드러내 알리시거나 지적하시지 않고, 충고하시지도 않습니다. 야단치시지도 않습니다. 회개만 하면 덮어 주려고 하십니다. 모른 척하십니다. 자기 아들 예수 그리스도를 십자가에 피 흘려 죽게 해서 우리의 죄를 덮어 주기까지 하셨습니다. 그분이 하나님이십니다. 그러나 분노와 상처가 있는 사람들은 어떤 사건이라도 그냥 넘어가지 않습니다. 고발해야 합니다. 정의나 하나님의 이름으로 상처를 주고, 야단치고, 사건을 확대시킵니다.

셈과 야벳이 아버지의 하체를 덮어 주고 얼굴을 돌이켜 보지 않았던 것처럼, 하나님은 우리의 허물을 덮어 주십니다. 셈과 야벳의 행동에서 참으로 따뜻하고, 진지하고, 책임지려고 하는 아들들의 모습을 발견하게 됩니다.

여기서 배울 수 있는 메시지는 부모님을 용서하라는 것입니다. 부모가 자녀에게 상처를 주는 이유는 자신의 부모를 용서하지 않았기 때문입니다. 부모가 이미 돌아가신 분도 있고 살아 계신 분도 있겠지만, 셈과 야벳처럼 부모의 허물과 실수를 예수 그리스도의 이름으로 덮어 주기를 바랍니다. 비단 부모님뿐만이 아니라 배우자도 마찬가지입니다. 허물을 덮어 주고 모르는 척해 주어야 합니다.

물론 죄 자체는 수치입니다. 그러나 자녀가 죄를 짓고 실수를 하는 것처럼, 부모도 죄를 짓고 실수할 수 있습니다. 자식의 입장에서는 부모가 완전하기를 바랍니다. 그러나 인간은 완전하지 않습니다. 내가 연약한 것처럼 부모도 연약한 존재일 뿐입니다. 그러므로 부모를 용서하십시오. 예수의 이름으로 허물을 덮어 주십시오. 덮어 주면 복이 오지만, 덮어 주지 않으면 저주가 옵니다. 그것이 바로 25-27절에 예언되고 있습니다.

> 이에 이르되 가나안은 저주를 받아 그의 형제의 종들의 종이 되기를 원하노라 하고 또 이르되 셈의 하나님 여호와를 찬송하리로다 가나안은 셈의 종이 되고 하나님이 야벳을 창대하게 하사 셈의 장막에 거하게 하시고 가나안은 그의 종이 되게 하시기를 원하노라 하였더라(창 9:25-27).

오해하지 마십시오. 이 말씀은 노아가 술이 깨어 사건의 전말을 듣고 나서 함이 괘씸하게 생각되어 저주한 것이 아닙니다. 물론 그럴 수도 있습니다. 그러나 이 말씀은 예언입니다. 누구든지 자기 부모의 허물을 감싸 주고, 치유하고, 회복시키는 마음을 가진 자녀는 복을 받지만, 정의라는 이름으로 부모의 허물을 드러내는 자녀는 저주를 받을 것이라는 예언입니다.

선택은 우리에게 달려 있습니다. 예수의 이름으로 상처를 치유하고, 용서하고, 덮어 주십시오. 부모를 용서하고, 고통을 주고 상처를 주었던 사람을 용서하십시오. 부모의 입장에서는 상처를 주지 않았으나 자녀의 입장에서는 상처를 입은 자들에게 하나님은 말씀하십니다. "네 아버지의 하체를 덮고 보지도 말고 뒷걸음쳐서 나오라. 그것이 복 받을 태도다."

그렇습니다. 사람들을 야단치지 마십시오. 그냥 용서하고 덮어 주십시오. 예수님이 우리를 용서하셨듯이 주변 사람들의 허물을 덮어 주십시오. 그러면 복을 받을 것입니다. 부모의 허물, 배우자의 허물, 자녀들의 허물을 감싸 주십시오. 이것이 노아의 사건에서 배우는 메시지입니다.

인간은 누구든지 죄를 지을 가능성이 있습니다. 죄를 지은 사람들을 향해 지나치게 손가락질하지 마십시오. 그 죄가 내 안에도 있기 때문입니다. 환경과 여건이 달랐을 뿐, 만약 우리가 그 사람의 입장에 처했다면 동일한 죄를 지었을지 모릅니다. 다른 사람이 보지 못하도록 예수님의 마음으로 덮어 주십시오.

14

나의 족보는 '예수님 가문'에
속해 있습니다

창세기 10:1-31

성경의 약속대로 흩어져서 번성한 노아의 후손들

사람들은 족보에 대해 이야기하기를 좋아합니다. 사람들은 고향에서 죽기를 원하고, 힘들고 어려울 때 고향에 가기를 원합니다. 자신의 뿌리를 확인하고자 하는 인간의 본능 때문입니다. 그러나 성경은 "우리의 고향은 이 세상이 아니라 하늘나라다"라고 말합니다. 우리는 '박씨 가문'이나 '이씨 가문'이 아니라, '예수님 가문'에 속한 사람들입니다. 모두 예수님께 속한 사람들입니다.

사람이 고향이나 족보 이야기를 하는 것은 어리석은 일입니다. 디모데전서 1장 4절은 "신화와 끝없는 족보에 몰두하지 말게 하려 함이라"라고 말합니다. 또한 디도서 3장 9절도 "어리석은 변론과 족보 이야기와 분쟁과 율법에 대한 다툼은 피하라 이것은 무익한 것이요 헛된 것이니라"라고 말합니다. 족보 이야기로 시간을 보내지 마십시오. 논쟁을 피하십시오. 이것이 성경이 말하는 지혜로운 충고입니다.

그런데 의외로 창세기 10장은 족보에 대한 이야기를 하고 있습니다. 이것은 세상의 족보 이야기가 아니라 하나님 나라의 족보 이야기이기 때문에, 우리는 이 말씀에 귀 기울일 필요가 있습니다.

노아의 아들 셈과 함과 야벳의 족보는 이러하니라 홍수 후에 그들이 아들들을 낳았으니(창 10:1).

그리고 32절을 보십시오.

이들은 그 백성들의 족보에 따르면 노아 자손의 족속들이요 홍수 후에 이들에게서 그 땅의 백성들이 나뉘었더라(창 10:32).

홍수 이후에 하나님은 노아에게 두 가지 약속을 하셨습니다. 첫 번째는 "생육하고 번성하여 땅에 충만하라"라는 것이었습니다. 이것은 하나님이 인간에게 주신 복된 말씀입니다. 우리 자녀들이, 기업이 복을 받아 번성하고 땅에 충만한 것이 하나님의 뜻입니다. 비록 죄 때문에 심판을 받아 마땅한 인간이지만, 하나님은 인간에게 복 주기를 원하셨습니다. 두 번째는 "내가 다시는 홍수로 이 세상을 멸망시키지 않을 것이다"라는 약속입니다.

노아의 자녀들은 이제 성경의 약속대로 흩어져서 번성하기 시작했습니다.

홍수 후에 노아가 삼백오십 년을 살았고 그의 나이가 구백오십 세가 되어 죽었더라(창 9:28-29).

노아의 나이 600세 때 홍수가 났고, 이후 350년을 더 살았기 때문에 그는 총 950세를 살았습니다. 참으로 오래 살았습니다. 그러나 950세를 살았다고 해도 그는 결국 죽었습니다. 우리 중에도 일찍 죽을 사람이 있고, 늦게 죽을 사람도 있을 것입니다. 그러나 결론은 모두 같습니다. 즉 죽는다는 것입니다. 노아가 죽은 것처럼 우리도 언젠가는 죽을 것입니다. 죽음을 이해할 때 삶에 의미가 있습니다. 그러나 죽음을 부인하면 그 삶은 비참해집니다. 죽음은 인생의 최후가 아닙니다. 죽음은 영원의 시작일 뿐입니다. 더 영광스러운 삶이 천국에 있다고 믿는 사람과 죽음이 인생의 끝이라고 믿는 사람은 삶의 태도가 근본적으로 다릅니다.

노아는 죽었고, 세 자녀들은 흩어져서 종족을 번식하기 시작했습니다. 세 아들의 계보가 창세기 10장에 나옵니다. 노아의 세 아들은 성경에 기록된 대로 셈과 함과 야벳입니다. 창세기 10장에는 70명의 인물들이 등장합니다. 그중에서 야벳에 속한 사람은 14명이고, 함에게 속한 사람은 30명입니다. 그리고 셈의 계열에 속한 사람은 26명입니다.

하나님이 물로 세상을 심판하셨지만 죄는 없어지지 않았습니다. 죄는 예수 그리스도의 십자가 보혈로만 해결됩니다. 아담이 죄를 짓고 에덴동산에서 쫓겨난 후에 태어난 인간들은 계속해서 죄를 지었습니다. 죄가 관영해지자 하나님은 홍수로 인류를 심판하셨습니다. 인류는 노아 시대의 홍수로 죄에 대한 심판을 겪었지만,

주님이 오실 때까지 죄는 계속될 것입니다.

노아의 세 자녀는 흩어져서 종족을 번식했고, 그것이 오늘날까지 이르렀습니다. 오늘날 국제연합에 가입한 모든 나라와 종족의 기원은 노아의 세 자녀입니다. 그러므로 우리는 노아를 거쳐 아담에게서부터 시작되었습니다.

우리가 살고 있는 이 세상을 보면 지옥 그 자체라고 말하지 않을 수 없습니다. 하나님이 지옥을 만드신 것이 아니라 사람이 지옥을 만들었습니다. 지옥을 만드는 것은 죄입니다. 죄의 문제를 해결하지 않고서는 인간에게 평안이 없습니다. 요한계시록은 날이 갈수록 세상은 더욱 악해지고 음란해진다고 말합니다. 음녀가 두 짐승을 타고 있습니다. 두 짐승은 정치와 경제적 짐승으로, 세상을 혼란하게 할 것입니다. 바벨론을 타고 있는 세력이 바로 음란입니다. 이 세상은 끝없는 타락의 길로 갈 것입니다. 인간은 끊임없이 타락하고 물질을 추구하며 살 것입니다. 또한 세상은 날이 갈수록 악해지고, 사람들은 더욱더 우상을 숭배할 것이며, 서로를 죽이고, 결국에는 파멸할 것입니다.

그러나 이 세상은 끝이 있습니다. 영원하지 않습니다. 보스니아 전쟁, 크메르 전쟁만 보아도 많은 사람이 이유도 없이 무참하게 죽어 갔습니다. 이것이 우리가 살고 있는 세상입니다. 일본과 미국과 유럽만이 세계가 아닙니다. 중국과 인도와 동남아시아 사람들, 10/40창에 사는 사람들의 80%는 마약과 굶주림과 질병과 인권

탄압으로 동물과 같은 삶을 살고 있습니다. 이런 현실은 노아와 세 자녀들로 말미암아 된 것입니다.

하나님을 경외하는 사람 vs 하나님께 반항하는 사람

로마서 1장 18-24절을 보면, 인류는 두 가지 유형으로 구분됩니다. 즉 하나님을 경외하는 사람들과 하나님께 반항하는 사람들입니다. 하나님께 반항하는 사람들은 하나님을 믿지 않고 자기 멋대로 세상과 짝하여 사는 사람들입니다. 사실 세계 인구에 비례하면 그리스도인은 그렇게 많은 부분을 차지하지 않습니다. 대부분의 사람들이 하나님 없이 살아가고 있습니다. 하나님 없이 살아가는 사람들의 모습을 성경은 이렇게 설명합니다.

> 하나님을 알되 하나님을 영화롭게도 아니하며 감사하지도 아니하고 오히려 그 생각이 허망하여지며 미련한 마음이 어두워졌나니 스스로 지혜 있다 하나 어리석게 되어 썩어지지 아니하는 하나님의 영광을 썩어질 사람과 새와 짐승과 기어 다니는 동물 모양의 우상으로 바꾸었느니라(롬 1:21-23).

즉 이 말씀은 하나님 없는 비참한 죽음과 절망의 세계를 요약한 것입니다. 또한 이어지는 로마서 1장 24-27절을 보면 요즘 일어나는 일들이 열거되어 있습니다.

> 그러므로 하나님께서 그들을 마음의 정욕대로 더러움에 내버려 두
> 사 그들의 몸을 서로 욕되게 하게 하셨으니 이는 그들이 하나님의
> 진리를 거짓 것으로 바꾸어 피조물을 조물주보다 더 경배하고 섬김
> 이라 주는 곧 영원히 찬송할 이시로다 아멘 이 때문에 하나님께서
> 그들을 부끄러운 욕심에 내버려 두셨으니 곧 그들의 여자들도 순리
> 대로 쓸 것을 바꾸어 역리로 쓰며 그와 같이 남자들도 순리대로 여
> 자 쓰기를 버리고 서로 향하여 음욕이 불일 듯 하매 남자가 남자와
> 더불어 부끄러운 일을 행하여 그들의 그릇됨에 상당한 보응을 그들
> 자신이 받았느니라(롬 1:24-27).

조금만 영적인 눈을 뜨고 세상을 보면 오늘날 우리 사회가 얼마
나 더럽고, 추악하며, 구원의 가능성마저 잃어버렸다는 생각이 들
만큼 죄로 가득 찼는지 모릅니다. 반면에 놀랍게도 죄인임에도 불
구하고 하나님을 예배하고 경외하는 소수의 사람들이 있습니다.
하나님의 뜻대로 사는 사람들입니다. 노아의 후손 가운데 이렇게
두 부류의 사람들이 있었습니다.

첫 번째 그룹인 야벳의 후손을 살펴보겠습니다.

야벳의 아들은 고멜과 마곡과 마대와 야완과 두발과 메섹과 디라스

요 고멜의 아들은 아스그나스와 리밧과 도갈마요 야완의 아들은 엘리사와 달시스와 깃딤과 도다님이라(창 10:2-4).

여기에 많은 이름이 나옵니다. 먼저 야벳의 후손은 고멜, 마곡, 마대, 야완, 두발, 메섹, 디라스입니다. 고멜은 스키타족인 키메르족을 대표합니다. 마곡은 아르메니아와 갑바도기아에 있는 고겟 땅의 사람이라고 합니다. 마대는 앗시리아 동쪽과 카스피해 서남쪽에 있는 메대족의 사람이고, 야완은 헬라족으로 소아시아와 이오니아족을 형성했습니다. 두발과 메섹은 본도와 아르메니아를 중심으로 고대 이스라엘 북방의 군사국으로 존재했습니다. 디라스는 펠라스기족으로 해변에 정착한 족속입니다. 주로 소아시아와 유럽 족속이 바로 야벳의 후손입니다.

두 번째 그룹은 함의 후손입니다. 함은 성경에 많이 등장하는 이름입니다. 함의 후손은 이스라엘 백성과 끊임없이 전쟁했던 족속입니다. 유럽의 조상들은 야벳의 족속이고, 중동과 남아프리카와 이집트 지역에는 주로 함 계열의 족속들이 분포되어 있습니다.

함의 아들은 구스와 미스라임과 붓과 가나안이요 구스의 아들은 스바와 하윌라와 삽다와 라아마와 삽드가요 라아마의 아들은 스바와 드단이며 구스가 또 니므롯을 낳았으니 그는 세상에 첫 용사라 그가 여호와 앞에서 용감한 사냥꾼이 되었으므로 속담에 이르기를 아무는 여호와 앞에 니므롯같이 용감한 사냥꾼이로다 하더라 그의 나라는 시날 땅의 바벨과 에렉과 악갓과 갈레에서 시작되었으며 그가 그 땅에서 앗수르로 나아가 니느웨와 르호보딜과 갈라와 및 니느웨와 갈라 사이의 레센을 건설하였으니 이는 큰 성읍이라(창 10:6-12).

함은 아버지의 수치를 감추어 주지 않았던 사람입니다. 자녀는 부모의 수치를 감싸 주어야 합니다. 부모의 수치를 드러내는 자녀는 복을 받지 못합니다. 함은 아버지가 술을 마시고 하체를 드러냈을 때 그 사실을 형제들에게 알린 일로 저주를 받았다고 성경은 기록하고 있습니다. 함의 족속은 끊임없이 하나님의 선택된 백성과 갈등을 겪으며 전쟁으로 고통의 세월을 보냈습니다.

함의 자녀로는 구스와 미스라임과 붓과 가나안이 있습니다. 7절에서는 구스의 자녀를, 13절에서는 미스라임의 자녀를 소개하고 있으며, 19절에서는 가나안의 자녀를 소개합니다.

여기에서 몇 가지 특징을 발견할 수 있습니다. 함의 첫아들 구스를 자세히 살펴보면, 구스의 자녀는 스바와 하윌라와 삽다와 라아마와 삽드가와 니므롯인데, 특별히 니므롯은 고대의 영웅이었다고 소개하고 있습니다. 고대는 영웅 중심으로 세상이 재편되는 시대였습니다. '니므롯'이라는 이름의 의미는 '하나님께 반역한다'입니다. 고대는 하나님께 돌아가는 사회가 아니라 하나님께 반역하는 사회였다는 사실을 알 수 있습니다.

미스라임은 루딤과 아나밈과 르하빔과 납두힘과 바드루심과 가슬
루힘과 갑도림을 낳았더라 (가슬루힘에게서 블레셋이 나왔더라)(창
10:13-14).

함의 둘째 아들인 미스라임에게서 블레셋이 나왔다고 소개하고
있습니다. 블레셋은 오늘날 팔레스타인을 말합니다. 미스라임은
이집트 지역에 많이 살고 있다는 것을 알 수 있습니다.

가나안은 장자 시돈과 헷을 낳고 또 여부스 족속과 아모리 족속과
기르가스 족속과 히위 족속과 알가 족속과 신 족속과 아르왓 족속
과 스말 족속과 하맛 족속을 낳았더니 이후로 가나안 자손의 족속
이 흩어져 나아갔더라 가나안의 경계는 시돈에서부터 그랄을 지나
가사까지와 소돔과 고모라와 아드마와 스보임을 지나 라사까지였
더라(창 10:15-19).

이스라엘 백성이 애굽을 떠나 광야를 지나 젖과 꿀이 흐르는 약
속의 땅인 가나안으로 들어갔을 때 이미 그 땅에는 거인들이 있었
고, 일곱 족속이 있었습니다. 그 일곱 족속이 바로 여기에 나오는
족속들입니다.
우리는 야벳과 함의 족보를 보면서 바로 그들이 역사의 근간인
중동을 중심으로 한 애굽 문화와 중동 문화를 만들었던 사람들임

을 알 수 있습니다.

이제 마지막으로 셈 족속이 소개됩니다.

> 셈은 에벨 온 자손의 조상이요 야벳의 형이라 그에게도 자녀가 출
> 생하였으니 셈의 아들은 엘람과 앗수르와 아르박삿과 룻과 아람이
> 요 아람의 아들은 우스와 훌과 게델과 마스며 아르박삿은 셀라를
> 낳고 셀라는 에벨을 낳았으며 에벨은 두 아들을 낳고 하나의 이름
> 을 벨렉이라 하였으니 그때에 세상이 나뉘었음이요 벨렉의 아우의
> 이름은 욕단이며 욕단은 알모닷과 셀렙과 하살마웻과 예라와 하도
> 람과 우살과 디글라와 오발과 아비마엘과 스바와 오빌과 하윌라와
> 요밥을 낳았으니 이들은 다 욕단의 아들이며 그들이 거주하는 곳은
> 메사에서부터 스발로 가는 길의 동쪽 산이었더라 이들은 셈의 자손
> 이니 그 족속과 언어와 지방과 나라대로였더라(창 10:21-31).

우리를 택하시고, 구원하시고, 잊지 않고 복 주시는 하나님

창세기 10장에서 노아의 세 자녀인 셈과 함과 야벳의 후손에 대해
서 알아보았습니다. 성경이 발음하기도 어려운 사람들의 이름을
기록한 목적은 족보를 말하기 위해서가 아닙니다. 노아의 자녀들
은 우리가 사는 이 세상에 하나님 없이 사는 많은 사람을 낳은 조
상들입니다. 그리고 그들의 결론은 바벨탑이었습니다.

창세기 11장을 보면 그들은 시날 땅으로 가서 흩어짐을 면하자고 했습니다. 왜냐하면 그들에게 하나님이 없었기 때문입니다. 하나님이 없으면 인간이 주인이 됩니다. 하나님이 나를 보호하신다고 생각하면 안심할 수 있지만, 그렇지 못하면 자신이 자신을 보호하려고 합니다. 다른 사람이 나를 공격할까 봐 성을 계속 쌓다 보면 결국은 자신이 성 안에 갇히게 됩니다.

인간의 운명은 여기서부터 결정됩니다. 하나님을 경외하고 사랑하면 천국 백성이 되고, 하나님의 자녀로서 이 세상에서 하나님의 보호와 복을 받고 살게 됩니다. 그러나 하나님을 경외하지도, 섬기지도 않는 사람들이 시날 땅을 거치면서 선택한 것은 자기들의 이름을 내고 흩어짐을 면하고, 하나님과 대항해서 자기들끼리 잘살아 보자는 것이었습니다.

> 자, 성읍과 탑을 건설하여 그 탑 꼭대기를 하늘에 닿게 하여 우리 이름을 내고 온 지면에 흩어짐을 면하자(창 11:4).

바벨탑 문화는 이스라엘의 역사 속에 바벨론 제국으로 나타납니다. 또한 바벨론 제국은 요한계시록에 나오는 마지막 시대의 도시의 상징으로 등장합니다. 그러나 바벨론은 하나님의 심판대에서 심판을 받고 무너집니다. 이 역사는 마지막 때에 하나님의 심판을 받으며 끝이 나는 것입니다. 죄의 끝은 어디일까요? 이 험악한 세상은 끝이 있습니다. 우리의 생애가 끝이 있는 것처럼, 역사도 종말이 있습니다.

그런데 창세기 11장에서는 바벨탑 사건 이후에 세 아들 중에서 셈의 족보만을 기록했습니다. 10절 이후를 보면 셈의 이야기만 나옵니다. 우리의 이름도 모든 사람 중에서 택하심을 받아 하나님의 손바닥에 기록된 줄 믿습니다. 하나님은 "내가 너를 택했고, 구원했고, 잊지 않고 복 주겠다"고 약속하셨습니다. 여기에서 하나님은 셈의 족보를 계산하셨습니다.

데라는 칠십 세에 아브람과 나홀과 하란을 낳았더라(창 11:26).

여기서 셈의 이야기를 하는 이유는 바로 아브라함(아브람) 때문입니다. 셈의 계열에서 아브라함이 태어났기 때문입니다. 성경이 아브라함을 강조하는 이유는 그가 우리 믿음의 조상이기 때문입니다. 마태복음 1장 1절을 보면 더 자세히 알 수 있습니다.

아브라함과 다윗의 자손 예수 그리스도의 계보라(마 1:1).

예수 그리스도의 족보 중에 가장 중요한 두 사람은 아브라함과 다윗입니다. 아브라함은 셈 계열의 사람입니다. 셈은 노아의 세 아들 중에 하나님의 백성이 되었습니다. 예수님께 인간의 족보가 중요한 이유는 구원 때문입니다. 인간을 구원하실 수 있는 분은 오직 하나님 뿐이십니다. 그런데 하나님은 인간이 아니시기 때문에 인간을 구원하시는 데 문제가 있습니다. 인간을 구원하시기 위해서는 두 가지 조건이 맞아야 합니다. 참 하나님이셔야 하고, 참 인간이셔야 한다는 것입니다. 이 조건들을 만족시켜 주신 분이 바로 예수님이십니다. 예수님은 참 하나님이시면서 동시에 참 인간이신 분입니다.

인간이 되시기 위해서는 바위에서 나오거나 알에서 나서는 안 됩니다. 예수는 여자의 몸에서 나오셔야 했고, 족보가 있어야 했습니다. 그래서 셈의 계열에서 아브라함과 다윗의 자손으로 태어나신 것입니다. 마리아라는 인간 안에 성령의 씨가 들어가서 잉태되었습니다. 믿든지 믿지 못하든지 간에, 사실입니다.

마태복음 1장에 기록된 예수님의 족보를 보면 5명의 여자가 나옵니다. 그들 중 3명은 조금 수상합니다. 그러나 그들은 예수님의 족보에 이름이 올라가 있습니다. 첫 번째, 라합은 기생이었고, 두 번째, 룻은 이방인이었습니다. 당시에 이방인은 개처럼 취급당했습니다. 세 번째, 밧세바는 불륜을 저지른 여자였습니다. 네 번째 여자인 마리아는 순결하고 거룩한, 남자를 알지 못하는 여자였습니다.

예수님의 족보 중에 이런 여자들이 있는 이유는 "이방인도 오라. 불륜을 저지른 사람도 오라. 기생도 오라. 거룩한 자도 오라. 내가 너희를 용서하고 구원해 주겠다"라는 하나님의 조건 없는 사랑 때문입니다. 예수님은 창녀와 세리의 친구가 되셨습니다. 세상에서 실패한 자들의 친구가 되시기도 했습니다. 예수님께로 가지 못할 사람은 아무도 없습니다. 가문이 좋은 사람이나 사생아도 예수님께로 갈 수 있습니다. 그러나 모든 나라와 족속과 세계는 하나님을 모르고, 하나님께 반항하며, 하나님 없이 우상을 숭배하며 살아왔습니다.

이들로부터 여러 나라 백성으로 나뉘어서 각기 언어와 종족과 나라대로 바닷가의 땅에 머물렀더라(창 10:5).

이는 야벳의 후손에 대한 결론입니다. 그리고 20절과 31절은 각각 함의 후손과 셈의 후손에 대한 결론입니다.

이들은 함의 자손이라 각기 족속과 언어와 지방과 나라대로였더라 (창 10:20).

이들은 셈의 자손이니 그 족속과 언어와 지방과 나라대로였더라 (창 10:31).

하나님은 정치적 국가를 좋아하시지 않습니다. 종족과 언어 그룹으로 구원하기를 원하십니다. 그래서 마태복음 28장 19절에서 "너희는 가서 모든 민족을 제자로 삼아"라고 명령하셨습니다. 모든 족속과 방언과 나라가 하나님 없이 오늘날까지 유리방황했지만, 하나님의 계획은 그들이 모두 하나님 앞으로 돌아오는 것입니다. 요한계시록 7장 9-12절은 창세기 10장의 결론입니다.

> 이 일 후에 내가 보니 각 나라와 족속과 백성과 방언에서 아무도 능히 셀 수 없는 큰 무리가 나와 흰옷을 입고 손에 종려 가지를 들고 보좌 앞과 어린 양 앞에 서서 큰 소리로 외쳐 이르되 구원하심이 보좌에 앉으신 우리 하나님과 어린 양에게 있도다 하니 모든 천사가 보좌와 장로들과 네 생물의 주위에 서 있다가 보좌 앞에 엎드려 얼굴을 대고 하나님께 경배하여 이르되 아멘 찬송과 영광과 지혜와 감사와 존귀와 권능과 힘이 우리 하나님께 세세토록 있을지어다 아멘 하더라(계 7:9-12).

  인류 마지막 때에 모든 나라와 방언과 족속들이, 세계 원근 각처의 사람들이 예수 그리스도 앞으로 오게 될 것이며, 흰옷을 입고 종려나무 가지를 들고 그분의 이름을 찬양하며 영광을 올려 드리는 구원의 대축제가 있게 될 줄 믿습니다. 하나님이 이 일을 위해 교회를 세우시고, 우리를 불러 주시고, 땅끝까지 주의 복음을 전하기 위해 우리를 살려 두신 줄 믿습니다. 우리가 오래 사는 까닭은 복이 아니라 할 일이 있기 때문입니다. 찬송과 존귀와 영광이 하나님께 세세토록 있을지어다. 아멘!

●

15

바벨탑에는
구원이 없습니다

창세기 11:1-9

●

하나님을 피해 숨어 있는 바로 그곳에 하나님이 계신다

대홍수 사건 이후에 노아의 세 자녀는 세계 곳곳으로 흩어졌습니다. 그들은 여러 곳에서 자녀들을 낳았고, 그 자녀들은 또 자녀들을 낳아서 오늘의 인류를 만들었습니다.

> 이들은 그 백성들의 족보에 따르면 노아 자손의 족속들이요 홍수 후에 이들에게서 그 땅의 백성들이 나뉘었더라(창 10:32).

인류는 노아의 세 자녀를 중심으로 나누어집니다. 그런데 창세기 11장에서는 피부색과 언어와 문화가 아니라, 하나님을 경외하는 사람들과 하나님을 경외하지 않는 사람들로 인류를 구분했습니다. 어디든지 하나님이 살아 계심을 믿고 경외하는 사람들과 하나님의 존재를 믿지 않고 무시하며 물질 중심으로 사는 사람들이 있습니다.

첫 번째, 1-9절은 하나님을 경외하지 않는 부류에 대해 말합니다. 바로 그들이 바벨탑을 쌓은 사람들입니다. 두 번째, 10-32절은 셈의 후손인 하나님을 경외하는 부류에 대해 이야기합니다. 그러므로 하나님을 경외하지 않는 부류는 함 족속과 야벳 족속임을 알 수 있습니다. 하나님을 경외하는 부류로는 셈에서부터 아브라함까지를 설명하고 있습니다. 하나님을 경외하는 우리가 아브라함과 같은 위대한 하나님의 일꾼이 되기를 원합니다.

하나님을 경외하지 않는 부류 가운데 함의 자녀인 구스의 계보가 있습니다. 그 계보에는 니므롯이라는 영웅이 있습니다. 고대 역사를 보면 위대한 전사들이 세계를 지배했다는 사실을 알 수 있습니다. 그 후에도 히틀러나 스탈린 같은 독재자들을 통해 역사는 흘러왔고 오늘날도 동일하게 계속되고 있습니다.

창세기 10장 9-10절을 살펴보면, 구스의 아들인 영웅 니므롯은 시날 땅에 살았다고 기록되어 있습니다. 이 땅은 역사의 기원인 티그리스와 유프라테스강 주변이며, 바벨의 문화가 꽃피었던 장소입니다.

온 땅의 언어가 하나요 말이 하나였더라(창 11:1).

노아 홍수 이전에는 언어가 하나였습니다. 단어와 문법이 하나였습니다. 아마 그들은 셈족의 언어인 히브리어를 썼을 것이라고 여겨집니다. 왜냐하면 홍수 이전의 지명이나 인명이 모두 히브리어로 되어 있기 때문입니다.

인간이 가지고 있는 특성 중에 하나는 언어입니다. 언어는 하나의 사상과 생각을 만듭니다. 사상이 없는 언어는 없습니다. 진화론자들은 아직도 이 같은 인간의 언어와 동물의 소리의 차이를 설명하지 못합니다.

> 이에 그들이 동방으로 옮기다가 시날 평지를 만나 거기 거류하며
> (창 11:2).

에덴동산에서 쫓겨난 인간은 끊임없이 동쪽으로 이동했습니다. '동쪽으로 이동했다'는 말은 하나님을 멀리 떠났다는 뜻입니다. 죄를 지은 인간은 하나님께로 돌아가기를 거부합니다. 자꾸만 하나님을 떠납니다. 무신론자들이 "하나님은 없다"고 말하며 하나님을 믿지 않는 까닭은 하나님이 없기 때문이 아니라 그들이 죄인이기 때문입니다.

잘못한 것이 있는 자녀는 부모의 눈을 똑바로 쳐다보지 못하고 부모에게 가까이 가기를 꺼려합니다. 그러나 잘못한 것이 없는 자녀는 부모를 만나는 것을 좋아합니다. 마찬가지로 죄가 없는 인간은 하나님을 피할 필요가 없습니다. 사랑하는 사람은 만날수록 좋습니다. 만나면 만날수록 더 만나고 싶어집니다. 사랑하기 때문에 가까이 가고 싶고, 호흡을 함께하고 싶어 합니다.

그러나 하나님께 죄를 지은 인간은 하나님이 두렵고 무섭습니다. 그분이 심판하실 것 같고, 비밀을 알고 계신 것 같습니다. 그래서 가능하면 하나님에게서 멀리 떠납니다. 베드로가 사람들에게 잡혀서 대제사장 집에 끌려가시는 예수님을 멀찍이에서 쫓아갔던

것처럼, 예수님을 믿어도 멀찍이에서 믿습니다. 교회에도 가끔 나오고 예배가 끝나기도 전에 일찍 갑니다.

교회를 가까이하기를 바랍니다. 예수 믿는 친구가 좋아야 합니다. 어떤 사람은 예수 믿는 친구는 부담스럽고, 오히려 세상 친구가 더 편하고 좋다고 합니다. 그러나 하나님의 사람들은 예수 믿는 사람을 좋아하고 하나님을 좋아합니다.

가인의 후손이 하나님으로부터 떠나기 위해 에덴동산에서부터 동쪽으로 가다가 만난 곳이 시날 땅입니다. 처음으로 사람이 살 만한 곳을 만난 것입니다. 그들은 시날 땅에 머무르기로 하고, 그곳에서 자기들의 이상 사회를 세우려는 야망을 가졌습니다. 하나님 없이도 인간은 얼마든지 살 수 있다고 여기며 살기 시작한 곳이 바로 시날 땅인 것입니다. 바벨론 문화가 만들어진 곳입니다.

그러나 사람은 하나님을 피해서 살 수 없습니다. 하늘 끝에서도, 바다 끝에서도 피할 수 없습니다. 하나님을 피해 숨어 있는 바로 그곳에 하나님이 계십니다.

'하나님처럼 되자'는 인간들을 보고 웃으시는 하나님

서로 말하되 자, 벽돌을 만들어 견고히 굽자 하고 이에 벽돌로 돌을 대신하며 역청으로 진흙을 대신하고(창 11:3).

바벨론 문화 중에 가장 중요한 업적은 벽돌을 만들어 냈다는 것입니다. 토기 문화에서 벽돌을 만들어 낸 것은 천지가 개벽할 만큼 놀라운 사건이었습니다. 벽돌이 없었을 때의 사람들은 동굴 속이나 나무 위에 살거나 돌을 옮겨 와서 지은 집에서 살아야 했습니다. 그러나 돌은 운반하기가 어렵기 때문에 돌집에 산다는 것은 쉽지 않은 일이었습니다. 그런데 시날 땅에서 많은 흙을 만났고, 그 흙을 불에 구웠더니 아주 단단하고 쓸 만한 물건이 되었습니다. 그 다음부터 벽돌로 돌을 대신하고 역청을 발견해서 벽돌 사이사이에 발라 누구든지 집을 견고하게 지을 수 있게 되었습니다. 이것은 대혁명이었습니다. 그들은 점토로 벽돌뿐만 아니라 그릇, 항아리도 만들어서 사용했습니다.

아무것도 없던 시대에 흙으로 무엇을 만들게 된 사건은 대단한 문화적 발전과 기술이었습니다. 아마 그들은 자기들의 지혜와 기술을 보면서 인간의 위대함을 예찬했을 것입니다.

> 또 말하되 자, 성읍과 탑을 건설하여 그 탑 꼭대기를 하늘에 닿게 하여 우리 이름을 내고 온 지면에 흩어짐을 면하자 하였더니(창 11:4).

벽돌을 만든 것은 당시로서는 문화적인 혁명이었고, 그들의 사고 구조를 변화시킨 엄청난 발명이었습니다. 벽돌을 구워 집을 짓고, 진흙으로 그릇을 만들고, 항아리를 만들어 사용하는 일은 삶의

질을 높이는 좋은 방법이었습니다.

오늘날 인간은 핵을 만들었습니다. 핵은 전력을 공급하고, 인류의 복지와 평안을 위해 사용할 수 있어서 생활에 많은 도움을 주는 좋은 도구입니다. 그러나 인간은 전쟁을 위해 핵무기를 만들었습니다. 지금 세계의 모든 사람은 핵무기의 위협 아래 놓여 있습니다. 이것이 바로 인간이 가지고 있는 기술 문명의 한계입니다. 마치 사람들이 벽돌 문화를 단순히 생활의 편리한 도구로 사용하지 않았던 것과 같습니다.

벽돌 문화를 현대적으로 적용해 보면 과학 기술 문명이라고 말할 수 있습니다. 요즘은 생명에 도전하는 복제 인간에 대해 말하고 있습니다. 인간의 과학 기술이 엄청나게 발전되었습니다. 많은 기술이 인간의 복지와 행복과 이상을 추구하기 위해 계발되었습니다. 하지만 결과는 그렇지 않습니다. 핵이 인간을 위협하는 무기가 되었듯이, 과학 기술 문명은 인간을 노예로 만들었습니다. 인간을 종으로 만들고, 비인간화하며, 행복을 앗아갔습니다. 자동차가 편리하고 좋지만 자동차 때문에 생기는 공해와 스트레스가 엄청납니다. 문명의 이기는 사실 악기(惡器)입니다. 오히려 인간을 빨리 죽게 합니다.

이 말씀을 통해서 인간의 본질을 볼 수 있습니다. 사람들은 벽돌을 만들었을 뿐만 아니라 바벨탑을 쌓았습니다. 이것이 바로 인간의 모습입니다. 인간은 우리가 착각하고 있는 것처럼, 그렇게 고상

하고 위대한 존재가 아니고 이론대로 되는 존재도 아닙니다. 공산주의가 망한 이유가 바로 그것입니다. 이론대로라면 공산주의 사회가 잘될 것 같지만 실패했습니다. 인간이 죄인이라는 사실을 간과했기 때문입니다. 인간의 본질이 악하기 때문에 아무리 좋은 제도와 방법일지라도 인간은 그것을 결국 악하게 사용합니다.

사람들은 벽돌로 탑을 쌓기로 했습니다. 인간이 편하게 살기 위해서가 아니었습니다. 그들이 탑을 쌓은 이유는 첫째, '하늘 끝까지 가기 위해서'였습니다. 그것은 하나님을 만나기 위해서가 아니라 하나님께 반항하기 위해서였습니다. 이것이 인본주의입니다. 하나님처럼 되고 싶어 하는 것이 인간의 생각입니다.

처음에 뱀은 인간에게 "너희가 선악과를 먹는 날에는 너희 눈이 밝아져 하나님과 같이 될 수 있다"며 유혹했습니다(창 3:5). 하나님의 말씀을 거역하는 것은 하나님이 되는 수단이라며, 인간에게 계속해서 하나님께 반항하기를 종용했습니다. 부모는 자녀들이 반항할 때 가장 고통스럽습니다. 자식이 대들 때 이기는 부모는 없습니다. 이것이 바로 죄의 열매입니다. 마귀는 우리에게 "하나님께 대들어라. 그러면 하나님처럼 될 것이다"라고 속입니다. 이것이 바벨탑 사건이 보여 주는 영적 진리입니다.

인간에게 최대 유혹은 신이 되려는 유혹입니다. 신이 되려는 유혹은 지배욕으로 나타납니다. 인간은 사람들을 친구나 섬기는 대상으로 보지 않고 종으로 만들려고 합니다. 군림하고 싶어 하고,

명령하고 싶어 하고, 자기 마음대로 하고 싶어 합니다. 그래서 높은 자리에 올라갈수록 위기의 인간이 됩니다. 왜냐하면 말 한마디면 모든 일이 해결되기 때문입니다.

그러므로 우리는 권력이 있을 때 조심해야 합니다. 무엇이든지 할 수 있는 자리에 올라갔을 때 조심하고, 사람을 부리지 말고 섬겨야 합니다. 이것이 하나님의 정치입니다. 사람의 정치는 사람을 부리는 것이지만, 하나님의 정치는 사람을 섬기는 것입니다.

벽돌을 발견한 사람들은 인간이 위대하다고 생각했습니다. 그래서 그들은 '하나님처럼 되자'고 생각했습니다.

둘째, 사람들이 바벨탑을 쌓은 이유는 '자기들의 이름을 내기 위해서'였습니다. 하나님의 이름이 아니라 인간의 이름을 내 유명해지자는 것이었습니다. 인간의 본능 중에는 신이 되려는 속성과 함께 자기가 높아지려는 죄인의 속성이 있습니다. 인간은 어디에서든지 자기 이름을 내려고 합니다. 하다못해 책상 위에도 명패를 세워 자기 직함을 드러내 놓습니다.

사람들은 좋은 말로 자신의 마음을 잘 감추고 있지만 모두 욕망을 채우기 위해 갈등합니다. 자기 실속을 채우기에 바쁩니다. 정의를 말하지만 자기가 권력을 갖기 위한 방법일 뿐인 경우가 대부분입니다. 그 이상 아무것도 아닙니다. 그것이 인간입니다.

셋째, 사람들이 바벨탑을 쌓은 또 하나의 이유는 '지면에 흩어짐을 면하자는 것'이었습니다. 그들은 하나님이 없는 고독과 절망이 있는 무서운 사회를 경험했습니다. 그래서 뭉치기 시작했습니다. 시날 땅에 왔을 때 그들이 발견한 구호가 있습니다. 바로 "뭉치면 살고 흩어지면 죽는다"입니다. 물론 뭉치는 것이 다 나쁜 것은 아닙니다. 그러나 무조건 뭉쳐선 안 됩니다. 왜 뭉쳤는지, 무엇을 위해 뭉쳤는지가 중요합니다.

사람들은 자기를 보호하기 위해 집단과 세력을 만들었습니다. 처음에는 좋은 동기로 시작했습니다. 그렇게 만든 것이 유럽 EC 공동체이고, 서방 선진 7개국 회의인 G7이며, 국제연합 UN입니다. 그런데 그 모임에는 하나님이 없습니다. 그들은 자기 나라의 이익만을 보호합니다. 전 세계를 보호하지 않습니다. 다른 나라를 도와주는 이유는 자기 나라가 살기 위한 방편일 뿐입니다. 이것이 바로 흩어짐을 면하고 우리끼리 잘살아 보자는 인간의 본질인 죄인의 모습입니다.

여호와께서 사람들이 건설하는 그 성읍과 탑을 보려고 내려오셨더라(창 11:5).

시편 2편 4절은 "하늘에 계신 이가 웃으심이여 주께서 그들을 비웃으시리로다"라고 말합니다. 바벨탑을 쌓는 인간들을 보시고 하나님은 웃으십니다. 정당이나 단체를 만드는 인간의 중심을 보시고 하나님은 웃으십니다.

성도의 복은 한 영, 한 몸이 되는 것이다

바벨탑을 쌓는 일은 심각한 문제였습니다. 바벨탑을 쌓는 것을 그대로 놔두면 인간들 스스로 구원의 길을 막아 버리기 때문에 하나님은 인간을 구원하기 위해 바벨탑 쌓는 일을 막으셔야 했습니다.

하나님은 노아 시대의 죄를 홍수로 심판하셨습니다. 그 후 다시는 물로 인류를 심판하지 않겠다고 약속하셨기 때문에 모두를 심판하실 수 없었습니다. 그러나 계속되는 인간의 죄는 막으셔야만 했습니다. 그래서 하나님은 강림하셨습니다. 소돔과 고모라에 죄가 관영했을 때 유황불을 내리기 위해 하나님이 그들을 찾아오셨던 것처럼, 이때 하나님이 오신 것은 기쁜 일이 아니라 죽음의 소식을 가져온 슬픈 일이었습니다.

> 여호와께서 이르시되 이 무리가 한 족속이요 언어도 하나이므로 이같이 시작하였으니 이후로는 그 하고자 하는 일을 막을 수 없으리로다(창 11:6).

하나님이 태초에 인간에게 주신 가장 큰 복 가운데 하나는 한 언어와 한 발음이었습니다. 홍수로 세상이 심판을 받은 후에도 언어의 복은 유지되었습니다. 언어의 복은 곧 의사소통의 복입니다. 의사소통이 되지 않으면 서로의 생각이나 뜻을 알 수 없습니다. 부부가 싸우는 이유는 대화가 되지 않기 때문입니다. 좋은 동기를 가지고 대화를 시작하지만 의사소통이 제대로 이루어지지 않기 때문에 결국 싸우게 됩니다. 부부는 대화 기술을 배워야 합니다. 예수 믿는 사람들은 말하는 훈련을 잘 받아야 합니다.

언어는 하나님이 주신 복이었는데, 인간의 죄로 말미암아 이 복마저 잃어버리게 되었습니다. 사람들이 언어의 복을 좋은 데 쓰지 않고 하나님께 반항하고, 자기 이름을 내고, 하나님 없는 이상 사회를 만드는 데 사용하려고 했기 때문에 하나님은 그들의 언어를 분열시키셨습니다. 즉 서로 말을 알아듣지 못하게 하셨습니다.

> 자, 우리가 내려가서 거기서 그들의 언어를 혼잡하게 하여 그들이 서로 알아듣지 못하게 하자 하시고(창 11:7).

'바벨'이라는 말은 '혼잡하게 한다'라는 뜻을 가지고 있습니다. 인간은 혼돈한 존재입니다. 역사는 혼돈입니다. 하나님을 만나기까지 우리는 혼돈을 피할 수 없습니다. 그러나 하나님을 만나면 질서가 생기고, 대화가 이루어지며, 하나님과의 관계가 회복됩니다.

하나님은 중요한 일을 결정하실 때 언제나 성부와 성자와 성령, 삼위 하나님이 함께 의논하십니다. 사람을 만드실 때에도 "우리의 형상을 따라 우리의 모양대로 우리가 사람을 만들고"(창 1:26)라고 말씀하셨습니다. 여기서도 하나님은 "자, 우리가 내려가서"라고 말씀하셨습니다.

언어가 혼잡해짐으로써 우리는 많은 고생을 하게 되었습니다. 그러나 너무 염려하지 마십시오. 하나님이 바벨탑 대신 한 장소를 마련해 주셨습니다. 그것은 다락방입니다. 오순절 날 다락방에 홀연히 하늘로부터 급하고 강한 바람 같은 소리가 있어 사람들이 앉은 온 집에 가득하며 마치 불의 혀처럼 갈라지는 것들이 그들에게 보여 각 사람 위에 하나씩 임하여 있더니 그들이 다 성령의 충만함을 받았습니다. 그들은 성령이 말하게 하심을 따라 다른 언어들로 말하기를 시작했습니다.

천국은 언어와 말이 하나입니다. 천국의 말은 곧 사랑이며, 방언이며, 기도입니다. 하나님은 이로써 하나 되게 하십니다. 예수 믿는 사람은 백인이나 황인이나 하나이며, 무지한 사람이나 유식한 사람이나 하나입니다. 야만인이나 헬라인이나 하나입니다. 이방인이나 이스라엘 백성이나 하나입니다. 한 언어, 한 영, 한 몸, 한 지체가 되는 것이 하나님을 믿으면 받는 복입니다.

그래서 하나님을 믿으면 마음에 갈등이 사라집니다. 부부와의 갈등, 친구와의 갈등도 사라집니다. 이 세상의 모든 공동체는 이기주의적인 집단이 되었습니다. 그러나 하나님 안에 있는 공동체는 이기적이지 않습니다.

여호와께서 거기서 그들을 온 지면에 흩으셨으므로 그들이 그 도시를 건설하기를 그쳤더라(창 11:8).

결국 사람들은 탑 쌓기를 그칠 수밖에 없었습니다. 바벨탑을 쌓는 인간은 하나님을 만날 수 없습니다. 바벨탑 안에서는 자신의 기술과 예술, 철학, 능력만을 믿습니다. 우리가 이러한 물질세계 속에서 살면 돈과 기술과 쾌락만 보입니다. 거기에서는 하나님을 볼 수 없습니다. 하나님을 보고 싶고 느끼고 싶다면 그곳에서 나와야 합니다. 그리고 하나님이 만드신 창공과 넓은 세계를 보아야 합니다. 우리가 하나님을 느끼지 못하는 이유는 바벨탑 안에 있기 때문입니다. 그리고 지금도 바벨탑을 쌓고 있기 때문입니다.

> 그러므로 그 이름을 바벨이라 하니 이는 여호와께서 거기서 온 땅의 언어를 혼잡하게 하셨음이니라 여호와께서 거기서 그들을 온 지면에 흩으셨더라(창 11:9).

인간이 가야 할 길은 바벨탑이 아니라 성령이 임하셨던 다락방입니다. 그때 하나님의 나라와 언어와 천국이 회복될 줄 믿습니다.

16

끝까지 하나님의 뜻을
좇겠습니다

창세기 11:27-12:1

죄악된 세상 속에 하나님이 남겨 두신 구원의 혈통

이제부터 창세기 12장을 살펴볼 것입니다. 사실 창세기 1-11장은 하나님이 아브라함을 택하신 이유를 설명하기 위한 것이었다고 해도 과언이 아닙니다. 하나님은 그가 많은 실수와 시련을 거쳐 하나님의 비전을 이룰 사람이 되었을 때 그의 이름을 '아브라함'으로 바꾸어 주셨습니다. 우리의 이름도 바뀌기를 바랍니다. 이름이 바뀌지는 않더라도 의미가 새로워지기를 바랍니다. 이것은 영적인 사건입니다. 아브람으로부터 구원의 역사가 시작되었습니다.

우리는 성경에서 아브람에 대해 몇 가지 정보를 얻을 수 있습니다. 창세기 10장 21절을 보면, 아브람은 셈의 후손임을 알 수 있습니다. 세상에는 하나님을 경외하는 셈의 후손과 하나님을 경외하지 않고 바벨탑을 쌓는 사람들이 있습니다. 벽돌을 발견한 인간은 바벨탑을 쌓아 하나님께 도전했습니다. 또한 그들은 자신들의 이름을 온 세상에 내고 싶어 했고, 흩어짐을 면하기 위해 바벨탑을 쌓았습니다. 인간 중심의 사회와 문화를 가리켜 '바벨 문화'라고 말합니다.

셈의 7대손 가운데 데라라는 사람이 있었습니다.

나홀은 이십구 세에 데라를 낳았고 데라를 낳은 후에 백십구 년을 지내며 자녀를 낳았으며 데라는 칠십 세에 아브람과 나홀과 하란을 낳았더라(창 11:24-26).

데라의 아버지는 나홀입니다. 그리고 데라는 세 아들, 아브람과 나홀과 하란을 낳았습니다. 이 말씀에서 인간의 수명에 변화가 생겼다는 사실을 발견하게 됩니다. 하나님이 에덴동산에 최초의 인간을 만드셨을 때 그는 죽음이 없이 영원히 사는 존재였습니다. 그러나 죄가 인간에게 들어옴으로 인간에게 죽음이 찾아왔습니다. 죄의 삯은 사망입니다(롬 6:23). 아담으로부터 노아까지 인간의 평균 수명은 900세 내외였습니다. 그런데 셈의 시대에 들어오면 400-500세로 줄어들고, 아브람과 나홀 대에서는 200세 내외로 더욱 줄었습니다.

시편 90편은 모세의 기도입니다. 모세는 "우리의 연수가 칠십이요 강건하면 팔십이라도"(시 90:10)라고 말했습니다. 여기서 인간의 수명이 70세에서 80세 정도로 줄어든 것을 알 수 있습니다. 인간의 수명이 줄어든 이유는 죄가 관영했기 때문입니다.

데라와 가족들은 갈대아 우르에서 살았습니다. 데라의 세 아들 중에서 막내아들인 하란은 일찍 죽었습니다.

데라의 족보는 이러하니라 데라는 아브람과 나홀과 하란을 낳고 하

란은 롯을 낳았으며 하란은 그 아비 데라보다 먼저 고향 갈대아인

의 우르에서 죽었더라(창 11:27-28).

갈대아 우르는 지금의 남부 이라크 지역입니다. 갈대아 우르는

당시 정치, 경제, 권력이 집중되어 있는 곳이었습니다. 그리고 무

역이 인도까지 이루어졌다는 기록이 있습니다. 모든 사람이 갈대

아 우르를 중심으로 살았습니다.

아브람과 나홀이 장가들었으니 아브람의 아내의 이름은 사래며 나

홀의 아내의 이름은 밀가니 하란의 딸이요 하란은 밀가의 아버지이

며 또 이스가의 아버지더라 사래는 임신하지 못하므로 자식이 없었

더라(창 11:29-30).

아브람은 사래와 결혼했습니다. 사래는 임신하지 못하므로 자

식이 없었습니다. 우리는 이 말씀에서 사래가 아이가 없었다는 점

을 관심을 가지고 보아야 합니다. 사래는 결혼할 때부터 아이를 가

질 수 없었습니다. 하지만 우리는 나중에 사래가 이삭을 낳았음을

알고 있습니다. 사래는 천사가 아브람에게 "내년 이맘때 … 네 아

내 사라에게 아들이 있으리라"(창 18:10)라고 말하는 것을 장막 문

에서 듣고 속으로 웃고 "내가 노쇠하였고 내 주인도 늙었으니 내

게 무슨 즐거움이 있으리요"(창 18:12)라고 말했습니다. 사래는 나

이가 들어 생리가 끊어졌을 뿐만 아니라 본래 임신할 수 없는 여인이었기 때문입니다.

그러나 하나님은 불가능을 가능하게 만드시는 분입니다. 나이가 들었을 뿐만 아니라 아이를 낳을 수 없는 몸에서도 구원의 완성을 위해 이삭을 낳게 하셨습니다. 그리고 동정녀 마리아를 통해 예수님을 이 땅에 보내 주셨음 또한 우리는 엿볼 수 있습니다.

믿음의 여정을 떠나지 않으면 시작도 없다

데라가 그 아들 아브람과 하란의 아들인 그의 손자 롯과 그의 며느리 아브람의 아내 사래를 데리고 갈대아인의 우르를 떠나 가나안 땅으로 가고자 하더니 하란에 이르러 거기 거류하였으며(창 11:31).

데라와 가족들은 갈대아 우르를 떠나 가나안 땅으로 가고자 했습니다. 창세기 12장 1절을 보면, 하나님이 아브람에게 메시지를 주셨습니다. 그 당시에는 하나님을 믿는 일이 보편적이지 않았습니다. 그들은 우상을 숭배하며 살아왔습니다. 그러나 하나님이 자기를 경외하는 백성에게 음성을 들려주신 것입니다.

하나님은 아브람에게 "너는 너의 고향과 친척과 아버지의 집을 떠나 내가 네게 보여 줄 땅으로 가라"(창 12:1)라고 말씀하셨습니다. 자기가 살던 곳, 자신에게 익숙한 곳을 떠나기란 매우 어려운 일입니다. 게다가 전에 살던 곳만 못한 곳으로 떠난다는 것은 더욱 어렵습니다. 요즘에도 대부분의 사람들은 서울에서 지방으로 내려가지 않고 지방에서 서울로 옵니다. 그런데 아브람은 자기 고향일 뿐 아니라 그 당시 정치와 경제, 문화의 중심지였던 갈대아 우르를 떠나야 했습니다. 고향을 떠나 언어와 문화가 다른 곳, 다른 민족에게로 향하기란 어렵고 힘든 일입니다.

그러나 아브람은 하나님이 명령하셨기 때문에 자신의 민족과 고향을 떠났습니다. 마치 이민을 가는 것과 같습니다. 믿음이란 떠나는 것입니다. 대부분의 사람들은 안주하기를 원합니다. 저는 결혼해서 지금까지 약 23회 이사를 했습니다. 1년에 한 번 정도 이사를 한 셈입니다. 이사를 간다는 것은 쉬운 일이 아닙니다. 사람은 누구나 편안하게 말년을 보내고 싶어 합니다. 그러나 믿음의 삶은 그것을 허락하지 않습니다. 움직이기를 원하고, 떠나가기를 바랍니다. 새로운 출발을 하고 모험하기를 원합니다.

옛 사람의 옷을 벗어 버리지 않으면 새 사람의 옷을 입을 수 없습니다. 떠나지 않으면 시작이 없습니다. 많은 사람이 겪는 신앙의 갈등은 옛 사람을 벗어 버리지 않은 채 새 사람이 되려는 데 있습니다. 떠나지 않고 출발하려는 데 있습니다. 하나님이 주신 새로운 믿음의 세계로 가려고 하기보다는 현재의 삶이 부서지지 않게 하려고만 하는 데 있습니다. 그들은 "내 자녀, 내 사업을 도와주십시오"라고 기도하면서 이 기도가 응답되는 것만이 하나님이 복 주시는 것이라고 생각합니다. 그러나 그것은 복이 아닙니다.

참된 믿음은 출발함에 있습니다. 예수 믿기 전에 몸담고 있던 세상의 사고방식과 가치관과 문화를 가지고 있는 사람이 과거와 단절하지 않고 미래로 나아가려고 하기 때문에 과거의 쓴 뿌리들이 그를 붙들고 있는 것입니다.

하나님은 아브람을 갈대아 우르에 두시지 않고 새로운 세계로 출발시키셨습니다. 갈대아 우르는 약속의 땅, 믿음의 땅이 아니었기에 새로운 세계로 나아가기 위해 기득권과 옛 사람을 벗어 버리기를 요구하신 것입니다. 예수님도 제자들에게 "아무든지 나를 따라오려거든 자기를 부인하고 날마다 제 십자가를 지고 나를 따를 것이니라"(눅 9:23)라고 말씀하셨습니다. 아브람은 가족들을 데리고 떠나기로 결정했습니다.

또한 성경에는 "그들은 가나안 땅, 약속의 땅으로 간다"라고 되어 있습니다. 신앙이란 '~으로부터 ~에게로'입니다. 떠나더라도 목적이 없으면 방황하게 됩니다. 떠나는 것만이 능사가 아닙니다. 우리는 어느 날 이 세상을 떠나 천국으로 가게 될 것입니다. 이것이 구원입니다.

믿음의 행진은 오늘도 여전히 계속되어야 한다

데라와 가족들이 가려고 했던 곳은 하나님이 약속해 주신 약속의 땅이었습니다. 그러나 그 약속의 땅으로 가는 과정에서 하란에 이르러 거기에 거했다고 성경은 말합니다. 이것은 마치 고속도로를 타고 강원도에 가다가 휴게소에 내려서 그곳에서 기거하는 것과 같습니다. 휴게소에서 살면 안 됩니다. 왜냐하면 목적지는 다른 곳이기 때문입니다. 우리는 우리의 인생을 향해 하나님이 예비하신 길을 가야 합니다.

인생은 어떤 의미에서 마라톤과 같습니다. 끊임없는 경주입니다. 항상 평탄하게 갈 수만은 없습니다. 때로는 힘이 들고, 목이 마르고, 지쳐서 쉬고 싶습니다. 포기하고 싶고 뒤돌아서고 싶습니다. 그러나 우리가 가야 할 곳은 골인 지점입니다. 주변에 아무리 좋은 환경이 있고 안락한 장소가 있다고 해도 그곳에 머무르면 안 됩니다. 하나님의 뜻은 그곳에 있지 않기 때문입니다.

사실 성경을 보면, 하나님이 약속하신 젖과 꿀이 흐른다는 가나안 땅에는 기근이 있었습니다. 또 그곳에는 이미 가나안 일곱 족속이 자리를 잡고 있었습니다. 환경은 좋았지만 그 땅에 들어가기 위해서는 영적인 전쟁을 해야 했고, 옛 사람을 몰아내야만 했습니다. 신앙생활은 결코 뜬구름 속에서 사는 것이 아닙니다. 어렵고, 힘들고, 앞이 보이지 않고, 귀를 의심하게 되는 일들이 일어나지만 하나님의 약속을 믿고 계속 가는 것입니다.

데라는 나이가 이백오 세가 되어 하란에서 죽었더라(창 11:32).

데라는 끝까지 하나님이 원하시는 약속의 땅으로 가지 못하고 하란에서 죽었습니다. 데라가 하나님의 음성을 들었던 것이 아니었기 때문입니다. 하나님의 음성을 듣지 못한 사람은 시작할 수는 있지만 끝을 맺지는 못합니다. 힘들고 어려우면 도중에 포기하고 맙니다. 그 이유는 어떤 고난이나 위험을 무릅쓰고서라도 끝까지 약속의 땅을 향해 가야 한다는 동기가 약하기 때문입니다. 그러나 하나님의 음성을 들은 사람은 다른 사람들의 이야기에 귀를 기울이거나 환경에 머무르지 않습니다.

데라는 70세에 아브람을 낳았고, 창세기 12장 4절을 보면 아브람이 하란을 떠날 때 75세였습니다. 그러므로 아브람이 하란을 떠날 때 데라의 나이는 약 145세쯤 되었을 것입니다. 데라는 하란에서 계속 머물기를 주장했겠지만, 아브람은 하란을 떠나서 하나님이 약속하신 땅으로 가고자 했습니다. 아브람은 아내와 조카 롯을 데리고 떠났지만, 데라는 하란에서 자기 인생을 마쳤습니다.

이것이 비전을 가진 자와 비전을 가지지 않은 자, 하나님의 음성을 들은 자와 하나님의 음성을 듣지 않은 자의 차이입니다. 하나님의 비전을 품고 하나님의 음성을 들은 자만이 하나님이 원하시는 길을 갈 수 있습니다.

내가 원하는 삶을 살기 위해 하나님이 필요한 것인지, 아니면 하나님이 내게 주신 비전을 위해 내 삶이 쓰이는지를 놓고 우리는 심각한 영적 투쟁을 해야 합니다. 우리는 적당히 살 수 없습니다. 직업을 가진 이유가 무엇인지, 결혼한 이유가 무엇인지 알아야 합니다. 무엇이든지 하나님의 계획이 있습니다. 하나님의 계획을 알지 못하면 결국에는 비참한 결론을 맺게 됩니다.

지금 내가 가고 있는 길은 진정으로 하나님이 원하시는 길입니까? 아브람은 "너는 너의 고향과 친척과 아버지의 집을 떠나 내가 네게 보여 줄 땅으로 가라"라는 명령을 듣고 믿음의 여행을 시작했습니다.

우리의 인생에서 가장 위험한 것은 도중하차입니다. 즉 잠깐 쉬어야 할 일을 영원한 것처럼 여기고, 가는 목적을 잃어버리고 변경하는 것입니다. 이것이 바로 데라와 아브람의 차이입니다. 많은 사람이 데라처럼 살다가 죽습니다. 데라는 하나님이 원하시는 곳까지 가지 못하고 도중하차했습니다.

우리의 옛 사람이 죽지 않는 한 새 사람의 삶은 불가능합니다. 우리의 과거가 단절되지 않는 한 미래는 시작되지 않습니다. 내가 죽지 않으면 부활할 수 없습니다. 많은 사람이 죽지 않고 부활하려고 합니다. 자존심도 상하지 않고 옛 사람의 모습도 가지고 있으면서 새 사람을 원합니다. 그러나 그런 일은 절대로 일어나지 않습니다. 내가 죽지 않으면 새 사람은 절대 태어날 수 없습니다.

죽고, 부서지고, 깨어지는 것을 두려워하지 마십시오. 두려워만

한다면 아무 일도 할 수 없습니다. 그러나 새로운 시작이라고 생각하면 거기에 소망과 기대와 새로운 출발이 있습니다.

하나님은 아브람을, 그리고 우리를 사랑해서 선택하셨다

여호와께서 아브람에게 이르시되 너는 너의 고향과 친척과 아버지의 집을 떠나 내가 네게 보여 줄 땅으로 가라(창 12:1).

드디어 우리는 성경에서 가장 위대한 장을 공부하게 됩니다. 그것은 아브람이 하나님을 만난 사건입니다. 사람은 누구를 만나느냐에 따라서 인생이 결정됩니다. 만일 우리가 불교나 유교를 만났다면 우리의 인생은 우상 숭배로 끝나고 말았을 것입니다. 계속해서 점을 치고, 하나님이 아닌 거짓 신에게 절하며 인생을 보냈을 것입니다. 그러나 우리는 하나님을 만났습니다.

창세기 12장 1절을 통해 하나님이 아브람을 만나신 사건을 보게 됩니다. 이 사건은 복의 사건입니다. 아브람 개인뿐만 아니라 그의 자녀들과 온 인류까지 예수 그리스도의 구원의 복을 받게 된 사건입니다. 이 말씀에서 우리는 몇 가지 사실을 발견하게 됩니다.

첫 번째, 아브람이 하나님을 찾은 것이 아니라 하나님이 아브람을 찾아가셨다는 사실입니다. 믿음은 내가 가지는 것이 아니라 하나님이 주시는 것입니다. 하나님이 어느 날 아브람을 찾아오셨습니다. 그리고 "과거를 담대하게 버려라. 기득권을 버려라. 지금까지 설계해 온 인생을 포기해라. 그러면 진정 복된 나라, 약속의 땅을 네게 보여 줄 것이다"라고 말씀하셨습니다.

믿음의 여행은 내가 떠나지만, 그 여행을 하게 하신 분은 하나님이십니다. 천지를 창조하신 분은 하나님이십니다. 과학자들은 하나님이 창조하신 우주의 비밀을 하나씩 발견할 뿐입니다. 우리를 이 세상에 보내신 분은 하나님이십니다. 하나님은 부모를 통해 우리를 이 땅에 보내 주셨습니다. 조상은 중요합니다만, 숭배할 대상은 아닙니다. 조상이 우리를 만든 것이 아니라 하나님이 놀라운 계획을 가지고 우리를 이 세상에 보내신 것입니다. 그래서 우리가 하나님께 경배하고 예배하는 것입니다.

땅을 약속하시며 기득권과 인간 중심적인 생각을 버리고 출발하라고 말씀하시는 분이 하나님이시라면 우리는 두려워할 필요가 없습니다. 그분은 하나님이시기 때문입니다. 인간적인 시각으로 보면 안될 일도, 불확실한 일도 너무나 많습니다. 그러나 두려워하거나 염려하지 마십시오. 히브리서 12장 2절은 "믿음의 주요 또 온전하게 하시는 이인 예수를 바라보자"라고 말합니다. 이사야 40장 31절과 시편 62편 1-2절도 하나님을 의뢰하기를 강조하고 있습니다. 예수 그리스도를 바라보고 하나님을 의뢰한다면 우리는 두려울 것이 없습니다.

오직 여호와를 앙망하는 자는 새 힘을 얻으리니 독수리가 날개치며 올라감 같을 것이요 달음박질하여도 곤비하지 아니하겠고 걸어가도 피곤하지 아니하리로다(사 40:31).

나의 영혼이 잠잠히 하나님만 바람이여 나의 구원이 그에게서 나오는도다 오직 그만이 나의 반석이시요 나의 구원이시요 나의 요새이시니 내가 크게 흔들리지 아니하리로다(시 62:1-2).

우리를 세상에 보내신 분은 하나님이십니다. 우리로 하여금 이 길을 걷게 하신 분도 하나님이시며, 하나님의 영광 가운데 우리를 두신 분도 하나님이십니다. 그러므로 두려워하지 마십시오. 보이지 않아도, 들리지 않아도, 내 손에 잡히지 않는 뜬구름 같은 일이라도 두려워하지 말고 하나님이 약속하신 그 길을 가십시오. 이것이 아브람에게 주신 하나님의 선물입니다.

두 번째, 하나님이 아브람을 택하신 이유입니다. 창세기 12장 이후에 나타나는 아브람의 행적을 면밀히 살펴보면, 그에게는 택하심을 받을 만한 탁월함이나 믿음이 없었습니다. 아브람이나 우리는 다르지 않습니다. 하나님은 우리가 온전하고 실수가 없어서, 또는 우리에게 믿음이 있어서 우리를 택하신 것이 아닙니다. '그냥' 택해 주신 것입니다. 그러나 그것은 우연도 아니고, 즉흥적인 선택도 아닙니다. 하나님은 창세전부터 우리를 사랑하셔서 구원하기로 계획하셨습니다. 하나님은 즉흥적으로 일하시는 분이 아닙니다.

하나님은 아브람을 택하셔서 믿음의 사람으로 만들어 주셨습니다. 그래서 그는 믿음의 조상이 되었습니다. 하나님은 우리도 택하셔서 믿음의 사람으로 만들어 주실 것입니다. 믿음 없음을 걱정하지 마십시오. 하나님은 우리를 무조건 사랑하기로 결정하셨습니다. 자녀를 사랑하는 부모의 마음에는 조건이나 이유가 없습니다. 마찬가지로 하나님이 우리를 사랑하시는 데는 조건이 없습니다. 불가항력적인 은혜와 보상할 수 없는 일방적인 사랑만이 있을 뿐입니다.

하나님이 우리에게 관심을 가지시고 때리면서까지 버리시지 않는 이유는 사랑 때문입니다. 하나님이 아브람을 택하신 이유도 하나님의 사랑 때문입니다. 사도 바울은 "내가 나 된 것은 하나님의 은혜로 된 것이니"(고전 15:10)라고 말했습니다. 그렇습니다. 그래서 우리는 할 말이 없습니다. 원망이나 불평할 자격이 없습니다. 우리가 할 말이 있다면 "황송합니다. 죄송합니다"라는 말뿐일 것입니다. 그리고 "죽도록 충성하겠습니다"입니다.

우리는 다른 사람에게 충고할 자격이 없습니다. 우리는 남을 가르칠 만한 사람들이 아닙니다. 왜냐하면 아무 자격도 없는 나를 하나님이 구원해 주셨기 때문입니다. 에베소서 2장 8-9절은 이렇게 말합니다.

너희는 그 은혜에 의하여 믿음으로 말미암아 구원을 받았으니 이것
은 너희에게서 난 것이 아니요 하나님의 선물이라 행위에서 난 것
이 아니니 이는 누구든지 자랑하지 못하게 함이라(엡 2:8-9).

우리는 자랑할 것이 없습니다. 진정한 그리스도인은 형제의 죄
를 대신 지고 십자가에 못 박혀 죽은 고난의 흔적을 가진 자입니다.
세 번째, 믿음은 확실한 것을 찾아가는 것이 아니라는 사실입니
다. 믿음은 증거를 찾아가는 것이 아니라 말씀을 따라가는 것입니
다. 하나님이 '지시하신 땅'이 아니라 '지시하실 땅'으로 가는 것
입니다. 참된 믿음은 내용을 보고 따라가는 것이 아니라 말씀하시
는 하나님을 보고 따라가는 것입니다. 그래서 하나님이 나에게 어
떤 명령을 내리셨든지, 성경이 어떤 사건을 기록했든지 간에 그 말
씀을 하나님이 하셨기 때문에 이해되지 않아도 순종하기로 결정
해야 합니다.
죽지 않고 다시 사는 법이 없고, 떠나지 않고 다시 시작하는 법
은 없습니다. 진정한 믿음을 갖기 원한다면 헌 옷을 벗고 새 옷을
입어야 합니다. 옛 모습을 버리지 않고 새 믿음이 생길 수 없습니
다. 과거를 포기하지 않고, 과거의 거미줄을 끊지 않고서는 과거에
서 탈출할 수 없습니다. 과거를 청산하십시오.
물론 새로 출발한다는 것에는 참으로 많은 모험과 두려움이 있
습니다. 경험이 없기 때문입니다. 어린아이가 처음 걸음마를 배우

는 것처럼 우리의 시작은 미숙합니다. '과연 가능할까?' 새 출발은 결코 멋지게 시작되지 않습니다. 어렵고 힘이 듭니다. 그러나 안심하십시오. 바른길을 선택한 것입니다. 늦게 가든 일찍 가든 그 길을 곧바로 간다면 영광스러운 복이 기다리고 있을 것입니다. 그래서 우리는 넘어지고 깨어져 힘들지만 믿음의 길을 가는 것입니다. 우리는 과거를 떠나 미래로 가고, 세상을 떠나 하나님께로 가고, 죄를 떠나 거룩으로 갑니다. 이것이 믿음의 여행입니다.

아브람은 그 믿음의 여행을 계속했습니다. 갈대아 우르를 떠나 하란에서 발목이 잡힐 뻔했지만 믿음의 행진을 계속했습니다. 우리는 어떻습니까? 지금 가고 있는 길이 참으로 하나님이 원하시는 길입니까? 아니면 도중하차해서 쉬고 있습니까?

아무리 멋있고 화려한 유혹이 있다고 할지라도 빨리 그 길을 벗어나 고통스럽고 힘들지라도 하나님이 보여 주신 길을 가십시오. 하나님이 우리에게 약속하신 그 길은 우리가 생각하는 것만큼 화려하지 않습니다. 전쟁과 개척을 거쳐야만 합니다. 그래도 우리는 그 길을 가야 합니다. 주변에 힘든 상황이 있고, 손해 보고, 생기는 유익이 없어도 우리가 그곳에 있기를 하나님이 원하신다면 우리는 그 장소에 있어야 합니다.

그러나 지금 있는 곳이 모든 것이 풍성하고 좋은 곳이라고 해도 하나님의 뜻이 아니거든 그 자리를 떠나십시오. 그것이 우리를 향한 하나님의 말씀입니다.